武术活动家

为武术处

张耀庭书

张耀庭（左）：原国家体育总局武术运动管理中心主任、
　　　　　　　第六届中国武术协会主席
杨　维（右）：上饶师范学院武家学派研究中心主任、
　　　　　　　三级教授、博士生导师

武道

武在心中

李杰

李杰（右）：原国家体育总局武术运动管理中心主任、第七届中国武术协会主席

杨维（左）：上饶师范学院武家学派研究中心主任、三级教授、博士生导师

学高为师
身正为范

杨维先生雅正

己亥年初夏 杨桦

杨桦（右）：原北京体育大学党委书记、校长、教授、博士生导师

杨维（左）：上饶师范学院武家学派研究中心主任、三级教授、博士生导师

做体育文化人

白晋湘

2019年4月22日

白晋湘（右）：吉首大学党委书记、校长、教授、博士生导师
杨　维（左）：上饶师范学院武家学派研究中心主任、
　　　　　　　三级教授、博士生导师

武家学派典藏系列丛书

象形太极古传戒尺剑

杨维 主编

刘龙 著

人民体育出版社

图书在版编目（CIP）数据

象形太极古传戒尺剑 / 刘龙著. —北京：人民体育出版社, 2019
（武家学派典藏系列丛书 / 杨维主编）
ISBN 978-7-5009-5636-5

Ⅰ.①象… Ⅱ.①刘… Ⅲ.①剑术（武术）—套路（武术）—中国 Ⅳ.①G852.241.9

中国版本图书馆CIP数据核字（2019）第185779号

*

人民体育出版社出版发行
北京建宏印刷有限公司印刷
新 华 书 店 经 销

*

787×960 16开本 15印张 240千字
2019年12月第1版 2019年12月第1次印刷

*

ISBN 978-7-5009-5636-5
定价：66.00元

社址：北京市东城区体育馆路8号（天坛公园东门）
电话：67151482（发行部） 邮编：100061
传真：67151483 邮购：67118491
网址：www.sportspublish.cn
（购买本社图书，如遇有缺损页可与邮购部联系）

《武家学派典藏系列丛书》编委会

主　编

杨　维：上饶师范学院武家学派研究中心主任、博士学位，上饶师范学院体育学院三级教授、博士生导师，武家学派代表人——武道元亨，象形太极（太极十三形）第七代传承人。

副主编

辛桂维：上饶师范学院武家学派研究中心副主任、硕士学位，上饶师范学院体育学院副教授，武家学派代表人——武道英杰，象形太极（太极十三形）第七代传承人。

姜　伟：黑龙江省五常市武术协会主席，五常市非物质文化遗产象形太极拳传承人，武家学派代表人——武道大师，象形太极（太极十三形）第八代传承人。

编　委

杨晓斌：上饶师范学院武家学派研究中心副主任、博士学位，上饶师范学院体育学院副教授，武家学派代表人——武道士子，象形太极（太极十三形）第八代传承人。

葛香杉：上饶师范学院外国语学院助教、硕士学位，武家学派代表人——武道士子，象形太极（太极十三形）第八代传承人。

杨　洋：山西大学体育学院讲师、博士学位，武家学派代表人——武道士子，象形太极（太极十三形）第八代传承人。

刘　龙：山西大学体育学院讲师、博士学位，武家学派代表人——武道士子，象形太极（太极十三形）第八代传承人。

Elemen Joann Crusillo（乔安）：山西大学国际教育交流学院硕士研究生，武家学派代表人——武道士子，象形太极（太极十三形）第八代传承人。

序 一

杨洋和刘龙两位博士撰写的《象形太极养生功》《象形太极古传戒尺剑》两部专著，被列入杨维教授主编的"武家学派典藏系列丛书"第一卷，该丛书由原中国武术协会主席张耀庭、李杰，原北京体育大学党委书记、校长杨桦，吉首大学党委书记、校长白晋湘题词，足以说明他们对中华优秀传统文化的重视，对象形太极非物质文化遗产的肯定。

明朝焦竑撰《国朝献徵录》卷之六十四，南京都察院右佥都御史裴公绅墓志铭（张四维撰）记载："嘉靖丙辰丁巳时，公（裴绅）居内艰，余（张四维）亦罹先宜人之变，与今太傅冢宰杨公（杨博），及余舅督府兵侍王公（王崇古），俱守制在里，余因获从三公者，讲业于杨公（杨博）北墅大椿堂中，见公（裴绅）外温内理……"清朝王士禛撰《池北偶谈》，又名《石帆亭纪谈》（卷九·谈献五）记载："蒲州有大椿堂，为杨襄毅（博）、王襄毅（崇古）、张文毅（四维），三公读书之所。其后三公相继登进士第：一大拜，一至吏书，一至兵书。"明朝杨俊卿撰《介石楼稿·大椿堂拳谱秘要》记载："祖瞻，中举士子，候官十载，于大椿堂，日课诵读，舞戒尺为剑……"清朝道光二十五年（1845年），十八世嫡孙杨景丰富完善了杨瞻戒尺剑的技术技法，在原有16种剑法基础上增加到28种剑法，以象形太极（太极十三形）风格演练，节奏鲜明、静如秋月、动似波涛、快慢相间、劲力顺达、一触即发，全套戒尺剑四十九个动作传承至今。《象形太极养生功》由上饶师范学院武家学派研究中心主任，双博士学位、三级教授、博士生导师，象形太极（太极十三形）第七代传承人杨维和女儿杨洋博士，秉承家传山西大椿堂书院武学堂传承的文化遗产，在继承中创新，在传承中发展。从"十三路古谱""五十二势""十三势"中，提炼出一套适合全民健身推广的养生功法。全套功法共有十五势，分为上下两段，定步和活步相结合，每势动作左右对称，象形取意延年益寿。

杨洋和刘龙两位博士毕业于菲律宾卡威迪国立大学，2017年2月人才引进山西大学体育学院，从事武术与民族传统体育教学与科研工作。两位博士年轻有为，事业心强，工作认真，积极向上，注重学生创新精神和实践能力培养，学术态度端正，治学严谨，是山西大学体育学院武术与民族传统体育学科建设与发展的青年骨干力量。雄关漫道真如铁，而今迈步从头越。奋进中的山西大学体育学院将不忘初心、继续前行，承载山西大学体育百年荣耀，薪火相继、再铸辉煌，希望寄托在年轻人身上。欣闻杨洋博士和刘龙博士两部专著即将出版，作此文以示鼓励。

是为序。

陈安平

2019年5月5日于山西大学

（注：陈安平，山西大学体育学院院长、四级教授、硕士生导师）

序　二

欣闻山西大学体育学院杨洋、刘龙两位博士,分别撰写的《象形太极养生功》和《象形太极古传戒尺剑》,将由人民体育出版社出版。甚感欣慰!因为他们两人都非常年轻,能够出版专著是难能可贵之事。又因为当时他们应聘到山西大学体育学院时,我恰好是分管教学的副院长,在考核他们的时候我发现这两位菲律宾卡威迪国立大学毕业的博士,将会为山西大学体育学院武术与民族传统体育学科的发展做出积极的贡献。今天看来,他们所取得的成绩足以令人感到欣慰。

《象形太极养生功》和《象形太极古传戒尺剑》是作为"武家学派典藏系列丛书"第一卷出版的。象形太极拳古称"太极十三形",作为非物质文化遗产历史悠久,据《满州饧杨氏家谱》记载:"嘉庆二十五年(1820年)杨景始传太极十三形。"而杨景是杨洋和刘龙两位的祖上,传至他们两人已是第八代了。属于家传,自然深得象形太极文化的精髓。两人自幼习武,曾经多次参加各种类型的武术比赛并获奖。其对象形太极文化的理解越来越深，不仅可以通过功法的演练外显以形，而且对于象形太极文化的精义亦越来越内化于心。

　　太极，是中国传统哲学的一个主要概念，太极由无极而生，讲求圆道。太是比大还要大的意思，极，则是最和顶端的意思，太极的意思便成为有限之中的最大之意。在客观世界之内无论是平面还是立体，圆成为最大的一个实在和象。因此，太极拳也可以说成是划圆的拳，在很多拳谱里流行着"不划圆，不成拳"的说法，看来，划圆不仅是太极拳的独家秘笈，也已经是中国传统武术拳法的共性特点。譬如八卦掌本身就要求弧形走转；而形意拳、南拳、查拳等拳术中无一不包含着拳走弧线的要领，否则便形不成攻防兼备的拳法，也就不足以称为具有中国文化特点的武术！象形，则又是中国传统文化的一大特点，连中国的文字都被称为象形文字。远取诸物，近取诸身，取象比类，天人合一，道法自然等都体现着中国的传统思维方式。可以说，中国的文化就是天人合一的文化，就是取象比类的文化。

　　太极拳早已成为遐迩共享的中国文化，而太极文化却不仅仅只有太极拳这样一种文化形式，太极文化可谓"一本万殊"，以太极概念为本而表现出的太极文化形式丰富多彩，表现在中国人的饮食起居、言行举止、工作学习等方方面面。由杨洋、刘龙分别撰写的《象形太极养生功》和《象形太极古传戒尺剑》也仅仅是由杨维教授主编的"武家学派典藏系列丛书"第一卷中的两册。但是，它们都体现出了太极文化和大道至简的鲜明特色，动作简单易练，效果明显。另外，在《象形太极养生功》一书中，将龙、蛇、燕、猴、虎、豹、马、鸡、鹤、熊、狮、鹰、鹞十三种动物，最主要的特点选取出来加以动作方法和神意上的模拟象形取意；在《象形太极古传戒尺剑》中化戒尺为剑，将28种剑法融入其中。以养生练气为宗旨，体现出了传统养生功动作舒缓、弧线运转、刚柔相济、呼吸自然、气定神闲、简易美观等特点。加上轻柔、安详、舒缓音乐的配合，古色古香味道的服装穿着，选择在安静、绿色、山水风光旖旎的环境中习练功法，一定会有殊胜的养生效果。

恰逢建设健康中国和弘扬中国优秀传统文化之际，人民体育出版社急国家之所急，想全民健身之所想，出版《象形太极养生功》和《象形太极古传戒尺剑》等书籍，利国利民。杨洋博士、刘龙博士邀我为他们即将出版的著作作序，吾乐为之。

是为序。

李金龙

2019年4月20日于山西大学

（注：李金龙，山西大学体育学院博士生导师、三级教授）

前　言

　　西汉司马谈将前秦以来的学术流派归纳为六家，即阴阳家、儒家、墨家、法家、名家、道家，史称"诸子百家六家"。东汉班固在《汉书·艺文志》中，将先秦以来的学派归纳为十家，即儒家、道家、阴阳家、法家、名家、墨家、纵横家、杂家、农家、小说家。因小说家被视为不入流，故史称"诸子百家九家"。民国吕思勉认为"术数、方技、兵书"三略，亦可称为先秦诸子，史称"诸子百家十二家"。新中国杨维，字维子，号阜剑，源于《易经》溯流别，从兵家中的兵技巧分离出武家学派简称"武家"，史称"诸子百家十三家"。

　　武家学派分为武术技术、武艺技能、武学研究、武道文化和武家思想五大体系。将武的概念提升到学术流派的高度，赋予文化内涵、思想精神和人生修炼哲理，填补诸子百家空缺"武家"的空白。"武家学派典藏系列丛书"，是一项长期编辑出版武家学派代表人经典著作的中华优秀传统文化工程，记录与武有关的武术技术与拳种、武艺技能与理论、武学教育与研究、武道文化与创新、武家思想与精神等。"象形太极（太极十三形）"属于武家学派武术技术范畴，故列入本系列丛书。

　　为响应"全民健身国家战略"，深入贯彻落实中共中央办公厅、国务院办公厅印发的《关于实施中华优秀传统文化传承发展工程的意见》，结合党的十九大报告"新时代、新思想、新征程、新使命"的四新精神，为"全民健身国家战略"提供优质服务。

　　"象形太极（太极十三形）"挖掘整理和撰编工作，遵照"继承传统，古为今用；意识导引，呼吸自然；形体锻炼，攻防兼顾"二十四字方针，确立挖掘整理"象形太极（太极十三形）"的基本思路。

　　第一，进行了大量文献、史料的考证与检索以及"象形太极（太极十三形）"的挖掘工作，先后整理出象形太极十三路、象形太极五十二势、象形太极十三势等拳术器械及其实战操手方法，构建了"象形太极（太极十三形）核心价值体系"。

第二，在此基础上根据运动处方基本原则，提炼创编完成了"象形太极养生功"。全套共由十五势组成，分为上下两段，定步和活步相结合，每势动作左右对称，象形取意益寿延年。

第三，为集思广益召开了"象形太极（太极十三形）"理论与实践公益讲座和观摩研讨会，有关专家、研究员、学者作了精彩的专题发言，并提出了中肯的意见和建议。

第四，对"初稿"进行了认真修改，在上饶师范学院、山西大学和全国37家象形太极拳传承基地开展教学实验，重点对运动特点、适应人群、运动强度、运动频率、持续时间、辅助运动、注意事项、冲（挥）击力度、太极跤、关节擒拿、穴位点打、八法八击等进行检测，并进一步征求专家、研究员和学者的意见，结合试验情况对"二稿"再次进行修改，进一步突出"象形太极（太极十三形）"健身与攻防兼顾的特点，使其更加具有科学性、系统性、健身性、实用性和推广性。

第五，筛选出"武家学派典藏系列丛书"第一卷，即《象形太极养生功》《象形太极十三势》《象形太极古传戒尺剑》《象形太极五十二势》和《象形太极五十二势技击法》5册。

"武家学派典藏系列丛书"第一卷的出版，体现了中华优秀传统文化古代哲学"天人合一论"的思想内涵。深入挖掘中华优秀传统文化——武家学派蕴含的思想观念、人文精神、道德规范，结合新时代要求继承、创新与发展，让中华文化展现出永久魅力和时代风采。

《武家学派典藏系列丛书》
编委会
2019年10月1日国庆节

象形太极（太极十三形）赋

杨 维

十三形，源于三丰，古武当盛名。始传承，飞狐杨景，天理教将领。
学无名，交流友情，太极十三形。鸟飞鸣，五禽仿生，鹤燕鸡鹞鹰。
越山岭，龙蛇猴精，虎豹马狮熊。龙兴凤，云雾升腾，探爪显奇能。
蛇盘顶，昼出夜行，吐信毒液清。燕玲珑，衔泥巢营，掠水捉蚊虫。
猴精灵，闪转攀升，狡猾成习性。虎大虫，扑食猛冲，咬定不放松。
豹凶猛，抓咬喉咙，胆大心智明。马受惊，竖蹄抱胸，劲草撑疾风。
鸡腿蹬，连环无缝，抓心不发声。鹤力挺，鸣歌舞鸾，两膀翅不停。
熊如钟，食草苔青，膀靠力锵铿。狮隐形，撕咬脖颈，润育细无声。
鹰眼惊，遨游苍穹，利爪抓肉中。鹞翻腾，穿梭林丛，浑身铁骨铮。
悬明镜，沐手恭请，诏世拳术经。维子正，仁义智勇，功过后人评。

（注：杨维，字"维子"，号"阜剑"，河中饧杨氏二十四世嫡孙，象形太极（太极十三形）第七代传承人，上饶师范学院武家学派研究中心主任，博士、三级教授、博士生导师）

2018年10月22日于上饶师范学院

目 录

第一章 基本概述 …………………………………………（1）

  第一节 名称由来 ……………………………………（1）

  第二节 剑的特点 ……………………………………（2）

  第三节 剑的要求 ……………………………………（4）

  第四节 健身作用 ……………………………………（6）

第二章 剑的基本常识 ……………………………………（9）

  第一节 剑的结构 ……………………………………（9）

  第二节 基本剑指 ……………………………………（11）

  第三节 剑的握法 ……………………………………（12）

第三章 剑的基本技法 ……………………………………（16）

  第一节 基本步型 ……………………………………（16）

　　　　第二节　基本腿法……………………………………（22）
　　　　第三节　基本技法……………………………………（24）

第四章　经络学说及分布………………………………………（65）

　　　　第一节　经络的概念和经络系统……………………（66）
　　　　第二节　经络的基本生理功能………………………（69）
　　　　第三节　十二经脉……………………………………（73）
　　　　第四节　奇经八脉……………………………………（91）

第五章　杨瞻戒尺剑十六势……………………………………（99）

　　　　第一节　戒尺剑歌诀四首……………………………（99）
　　　　第二节　戒尺剑动作图解及要领……………………（103）

第六章　杨景戒尺剑四十八势动作名称及动作图解…………（145）

　　　　第一节　动作名称……………………………………（145）
　　　　第二节　动作图解……………………………………（145）

附录　象形太极拳传承谱系及专家述评………………………（209）

　　　　一、象形太极拳传承谱系……………………………（209）

二、"象形太极古传戒尺剑"专家述评……………………（210）

参考文献 ……………………………………………………（213）

后记 ………………………………………………………（215）

第一章　基本概述

本章主要介绍戒尺剑的基本概述，从名称由来、剑的特点、剑的要求、健身作用四部分内容进行研究和论述。

第一节　名称由来

明朝天顺六年（1462年）正月望日（十五日），河中饧杨氏六世裔孙杨谌，在杨家北院别墅，投资兴建（大椿堂书院）[1]，开设文武学堂，请河东理学创始人薛瑄客座讲学，文林郎河南道监察御史奉敕提督直隶学校洛阳阎禹锡，闻薛瑄河中府河东大椿堂讲学前往授业，杨谌持家谱请阎禹锡作序，《河中饧杨氏家谱》（明朝版）[2]书成，在家族内部传承和收藏。

《河中饧杨氏家谱》[3]（乾隆刻本）最后一部分附有杨俊卿著《介石楼稿·大椿堂拳谱秘要》一卷[4]，记载明代河中饧杨氏武艺名人的简历及成就。如《杨暚武学训导录》[5]《杨瞻养生之道》[6]《杨博拳法十八势》[7]《杨俊民兵器谱》[8]《杨俊卿锦衣卫拳法绣春刀》[9]及武学官职名单等。《介石楼稿·大椿堂拳谱秘要》记载："祖瞻，中举士子，候官十载，于大椿堂，日课诵读，舞戒尺为剑……"戒尺，旧时私塾先生对学生施行体罚所用的木板。剑，是一种兵器，开双刃身直头尖，横竖可伤人，击刺可透甲，凶险异常，生而为杀。杨瞻把戒尺当作剑术练习，创造了用来训诫、惩罚、练剑等一物多用的木制教具，称为"戒尺

剑"。（图1-1）

清朝道光二十五年（1845年），河中饧杨氏十八世裔孙杨景丰富完善了先祖杨瞻戒尺剑的技术技法，在原有16种剑法基础上增加到28种剑法，以象形太极（太极十三形）风格演练，节奏鲜明、快慢相间、劲力顺达、一触即发。全套戒尺剑四十九个动作传承至今，适合全民健身，匀速练习，效果甚佳。

第二节 剑的特点

一、象形取意，节奏鲜明

图1-1

杨景以"象形太极"为素材，从十三种飞禽走兽动作形态或生存技能中，各抽取三个代表动作，杨瞻戒尺剑由16种技法增加到28种技法。演练风格犹如"阳春三月白雪，春雨初融润育细无声，又像缓缓流淌的河水，如平湖秋月，静静地悠闲地漂流……刹那间，乌云密布波涛汹涌，大雨倾盆飞瀑直下，江河翻滚……不知不觉中百川汇聚归流大海，海上礁石丛生奇峰林立，水下暗流涌动惊涛骇浪……渐渐地天边的云雨、晚霞的余晖和碧波的湖水相互交融，仿佛进入蓬莱仙境海市蜃楼，给人以无限的遐想……"

二、快慢相间，刚柔相济

《诏世拳术训谱》记载："吾之杨家一脉，祖籍山西蒲坂。明嘉靖御史杨瞻，字叔后，终四川金事。瞻倡文学，诗百余首，多题寺院庙宇，名胜古迹。常与僧友，谈养生之道。"[10]杨瞻戒尺剑原有16种技法，把戒尺当作剑术练习本义是从健身角度考虑的，动作比较缓慢、柔和。杨景将此剑法增加到28种时，按照象形太极的风格习练，就变成了快慢相间、刚柔相济的风格。

三、静如秋月，动似波涛

此套剑法慢动作匀速练习，如行云流水，静如秋月，适于全民健身项目推广。若表演、研究或传承此套剑法，就要快慢相间、刚柔相济练习，追求形体、艺术高度完美的结合，达到一触即发、天人合一的水的意境。

四、动作轻灵，身法敏捷

此套剑法动作轻灵，如步法行云漫步、剑法流畅多变、眼法灵活机警等。身法敏捷指上浮下沉三盘变换，身体重心前移后坐吞吐自然，丁八步过渡转身在脚不在身，提步过渡在落变转换等。

五、扭腰转身，旋腕灵活

此套剑法扭腰转身时，丁八步转腰固胯，胯不能产生位移，也就是在胯不在腰，否则不能达到扭转脊柱的锻炼效果。手腕的旋转是戒尺剑的一大特色，里旋外旋变化多端，旋腕在于灵活、多变。

六、抖腰振臂，一触即发

此套剑法发劲时，一动浑身上下无处不动，一动即发，抖腰振臂，像被压缩的弹簧一触即发，一发即收。抖腰振臂起到传导、助力作用，一触即发起到劲力、能量释放作用。

七、潇洒飘逸，气宇轩昂

此套剑法整体来看，慢动作如行云流水，潇洒大方、形神飘逸，给人一种舒适、享受、美妙的感觉。快动作身法敏捷、气势磅礴、精神饱满，给人一种英姿飒爽、神气流离的感觉。发劲动作形神换影、惊炸抖放，给人一种灵魂出窍、剑气回荡的感觉。

八、简单实用，变化多端

此套剑法动作简单、直接、实用，没有虚招、花哨、不实之法。《杨文才拳术谱》记载："根节起，中节随，梢节追。"[11]意思是说剑的劲力要三节催，根节催中节，中节催梢节，用起随追来表达。用于技法上就是一击不中再击，再击不中连击，连击不中追击的意思。

第三节　剑的要求

一、虚领顶劲，精神抖擞

虚领顶劲就是在练剑时，头部要正直，不可前俯后仰、左右歪斜、摇头晃脑，下巴要微内收，犹如头上顶着一碗水，或者有一根绳子提着，下顶上悬。这样有利于对全身的中正安舒起提挈作用，从而显得精神振作、稳健含蓄。要注意，在顶劲时要自然，要若有若无，不可以硬往上顶，以头颈能左右自然转动为度。

二、沉肩坠肘，虚腋圆活

沉肩坠肘，肩关节是上肢的根节，要松沉灵活，提沉旋转自如。万万不可耸肩，也不可向后伸张或前扣。耸肩不利于气向下沉，动作不稳。肘部要下坠，手臂自然屈曲，不可僵直。如果肘部外翻悬起，则肩部就不能下沉；肘部僵硬，则气血就不通畅，劲力不顺达。如手臂下落时必须要先沉肩，再坠肘带动双掌下按，节节贯串。沉肩坠肘时不可过分用意，以致紧张，上臂不可紧靠身体，腋下要虚圆，肘不贴肋，以保持灵活。

三、含胸拔背，力由脊发

含胸拔背就是胸部要舒松自然，不要故意前挺，也不要故意内收。"含胸"不可做成两肩前裹、胸部回缩的"凹胸"，这样会练成像老年人一样的驼背。简单地说，含胸不是挺胸，从而避免身体向后仰，有利于气沉丹田。拔背，是指背部要舒展。拔背不是提背，也不是弓背。拔是放松拔长的意思，脊椎在人体的背部，是上体的中枢环节。背松则气顺，体态就中正，正所谓"气贴于背""力由脊发"。能做到含胸自然就能做到拔背，它们正好前后对称。

四、以腰为轴，撑胯圆裆

松腰是练戒尺剑的关键所在，能松腰才能使动作灵活圆滑。戒尺剑的虚实变换都由腰带动，只有以腰部为轴，动作才能做到上下相随，使劲力通达四梢。如腰部不活，就很难达到轻灵沉着的目的。裆部就是胯下的会阴部位，要成虚圆；两胯要撑开，不可以夹住，裆自然能圆。裆圆有利于气劲下沉、稳定中心；还有利于腰胯的灵活转换。

五、提步过渡，落步踏实

膝关节要放松，柔和自然，以利于气血的运行。抬腿迈步伸脚时，皆由大腿的肌肉带动小腿，膝关节自然随之转动，切不可着力于膝部。提步时膝关节弯曲45°~60°。一是有利于圆裆，气沉丹田；二是有利于减缓膝关节的负重，从而避免膝关节的损伤。在做弓步时，前膝不可超过脚尖，使重心不稳以致前倾。脚犹如大树的根，它是一身的根，要脚踏实地、稳固不动。向前上步时，脚跟先落地；向后退步时，前脚掌先落地，然后慢慢踏实。脚的高度为10~15厘米，不可过高，也不可拖地。前脚的方向要正，后脚成45°~60°；尤其要注意，两脚的左右横向距离，要保持约本人肩宽或至少一拳的距离，不可前后在一条直线上，这样不利于身体平衡。

第四节　健身作用

一、对中老年人运动系统的影响

长期坚持练习象形太极戒尺剑，是防止和治疗骨质疏松的有效方法。通过锻炼能够使中老年人骨骼的血液循环得到改善，增强骨骼的物质代谢，防止无机成分的丢失，改善其与有机成分的比例，使骨的弹性、韧性增加，骨外层密质增厚，内层的松质结构发生适应性变化，使骨质更加坚固，可承受更大负荷。这有利于增强骨骼的抗折断、弯曲、压拉、扭转性等，从而能够预防老年性骨质疏松，预防老年性骨折，延缓骨骼的衰老过程。

根据对浙江省东阳市太极拳健身队研究证明，长期习练象形太极戒尺剑的老人与同年龄对照组的比较，结果脊柱骨质疏松发生率为36.6%和63.8%，这说明象形太极戒尺剑可增强关节的坚韧性，提高关节的弹性、灵活性和协调性，对防治老年性关节炎，防止关节附近肌肉萎缩、韧带松弛、滑液分泌减少和关节强直等均有效。实验表明：进行12周象形太极戒尺剑悬崖勒马动作练习，肩关节的柔韧性就提高了8%。《运动生理学》[12]认为：肌肉工作能力降低是衰老的重要标志之一。因此，经常参加象形太极戒尺剑练习，肌纤维将变粗，坚韧有力，肌肉内能量储备增加，其利用率也得到提高，肌纤维的收缩性、传导性、反应性都得到改善。

二、对中老年人心血管系统的影响

根据对浙江省杭州市丽景邱家武术培训有限公司太极拳队研究证明，象形太极戒尺剑练习能提高心脏功能，表现为心肌兴奋性提高，心肌收缩力加强，冠状动脉扩张，血流改善，心肌利用氧的能力提高；能够降低血脂，减少老年人心血管疾病的发病率；还可使血压随年龄增长而增高的趋势变慢。《运动生理学》认为：中老年人在运动时，身体耗氧量增加，对血液循环的要求提高，在一定程度上加大了心脏的工作负荷，同时，心脏冠状动脉循环血量较平时增加，保证了心肌氧气及营养物质的供应。经常参加象形太极戒尺剑练习，可以大大推迟心血管系统的老化过程，增强心血管机能，使心肌收缩力量加强，心脏输出量增加。运动还锻炼了血管收缩和舒张功能，加强血管壁细胞的氧供应，促进代谢酶活力，改善脂质代谢，降低血脂，延缓血管硬化，有助于控制中老年人动脉粥样硬化发展，防治中老年性高血压和冠心病，特别是进行长时间练习使老年人的氧能力明显提高。

三、对中老年人呼吸系统的影响

运动生理学认为：人到老年随年龄增长呼吸系统发生三个最主要的变化：肺泡体积逐渐增大、肺的弹性支持结构蜕变和呼吸肌力量减弱。因此，肺的通气、换气功能都会下降从而影响氧的运输能力。而经常参加象形太极戒尺剑锻炼，可增加呼吸肌的力量和耐力，增加肺通气量，提高肺泡张开率，保持肺组织的弹性、胸廓的活动度（预防肋软骨骨化），延缓了因肺泡活动不足而加厚的老化进程。根据对四川省凉山州武术协会研究证明：长期进行象形太极戒尺剑练习，可使安静时的呼吸频率减少到8~12次/分，潮气量增加而出现呼吸机能"节省化"的现象，并且肺活量均比一般老年人大，改善肺脏的通气和换气功能，增加吸氧能力，从而提高全身多个内脏器官的新陈代谢。同时，对防治老年性支气管炎及哮喘也有一定作用。

四、对中老年人神经系统的影响

能改善中枢神经系统的机能，预防大脑衰老，主要表现为大脑皮层神经过程的兴奋性、均衡性和灵活性提高，反应的潜伏期收缩，从而使老年人精力充沛，动作敏捷，有较高的工作效率；能解除疲劳和精神紧张，改善睡眠；还可推迟全身衰老，防止老年性疾病，尤其能防止脑动脉硬化，维持大脑良好的血液供应。根据对黑龙江省五常市武术协会研究证明：长期进行象形太极戒尺剑练习，可使血液中胆固醇含量降低，特别是能减少低密度脂蛋白含量，减少脂类在血管臂上的沉积，也可以提高高密度脂蛋白含量，使已经沉积在血管壁上的胆固醇能够得到及时的清除，从而防止或延缓动脉粥样硬化的发生。坚持象形太极戒尺剑锻炼的中老年人，脑动脉血中氧含量升高，改善脑细胞的氧供应，从而减缓脑萎缩。通过肌肉活动可以刺激和调整大脑皮层神经活动过程的强度、均衡性和灵活性，缩短反映潜伏期，提高机体对外界环境的适应能力，保持旺盛精力，精明果断、动作迅速、准确有力，并能有效地提高工作能力，使人精神愉快乐观。

五、对中老年人消化系统的影响

根据对黑龙江省青冈县武术协会仁和太极拳健身队，练习象形太极戒尺剑的中老年人饭后30分钟测试表明：长期坚持练习象形太极戒尺剑，可以加强消化系统的功能，使胃肠道蠕动加强，改善血液循环，增加消化液的分泌，加速营养物质的吸收，还能改善和提高肝肺的功能。

六、对中老年人免疫力系统的影响

根据对黑龙江省青冈县中和太极拳队，经常参加象形太极戒尺剑练习的中老年人测试表明：长期坚持练习象形太极戒尺剑，能提高老年人的免疫力，减少感冒和因感冒继发的扁桃体炎、咽炎、气管炎、肺炎等疾病，以及因气管炎引起的肺气肿、肺心病等。

第二章　剑的基本常识

本章主要介绍剑的基本常识，从剑的结构、基本剑指、剑的握法三部分内容进行研究和论述。

第一节　剑的结构

戒尺剑：多用竹、木两种材料制成，长50厘米，厚0.8～1厘米，宽3.5～4厘米，主要由剑把、剑穗、剑身三大部分组成。（图2-1）

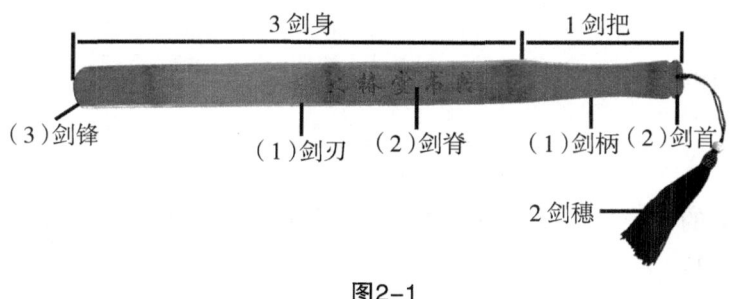

图2-1

一、剑把

剑把是指手握的部位，由剑首、剑柄两部分组成。

1. 剑柄

指手握的部位。宽度比剑身窄。

2. 剑首

位于剑柄的底部，中心有一圆孔，主要有两个作用，一是平衡剑的重心，固定剑柄，有利于持剑的手感，二是起到系剑穗装饰作用。

二、剑穗

系在剑首孔上的穗子称为剑穗，常用丝、棉、玉石等材料制成，起到一定的装饰作用。

三、剑身

剑身是指有锋刃的部位，是由剑刃、剑脊、剑锋所组成。

1. 剑刃

指剑身两侧的部位，戒尺剑两侧剑刃无刃。

2. 剑脊

剑身中央的部位，主要是增强剑身坚硬强度，正面刻有大椿堂书院，背面刻有杨瞻惜福论。

3. 剑锋

又称剑尖，位于剑身末端部位，其形状为椭圆形。

第二节　基本剑指

一、仰剑指

食指与中指并拢,自然伸直,无名指与小拇指并拢,第一、二关节向内屈扣,大拇指扣压于无名指与小拇指第二关节处,指心朝上,指尖向前。(图2-2)

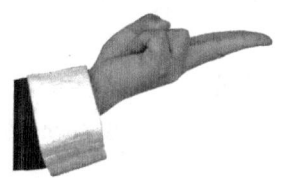

图2-2

【要点】
食指与中指并拢要紧,不能分开、弯屈。

二、俯剑指

食指与中指并拢,自然伸直,无名指与小拇指并拢,第一、二关节向内屈扣,大拇指扣压于无名指与小拇指第二关节处,指心朝下,指尖向前。(图2-3)

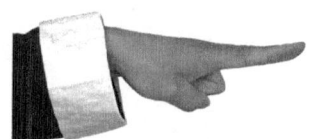

图2-3

【要点】
食指与中指并拢要紧,不能分开。

三、正立剑指

食指与中指并拢,自然伸直,无名指与小拇指并拢,第一、二关节向内屈扣,大拇指扣压于无名指与小拇指第二关节处,指心向前,指尖向上。(图2-4)

图2-4

【要点】

食指与中指并拢要紧，不能分开，手腕下沉。

四、横剑指

食指与中指并拢，自然伸直，无名指与小拇指并拢，第一、二关节向内屈扣，大拇指扣压于无名指与小拇指第二关节处，指心向前，指尖朝右。（图2-5）

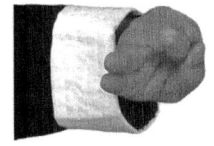

图2-5

【要点】

食指与中指并拢要紧，自然伸直，拇指扣压要紧。

五、立剑指

食指与中指并拢，自然伸直，无名指与小拇指并拢，第一、二关节向内屈扣，大拇指扣压于无名指与小拇指第二关节处，指心向右，指尖朝前。（图2-6）

图2-6

【要点】

食指与中指并拢要紧，自然伸直，拇指扣压要紧。

第三节　剑的握法

剑的握法在戒尺剑中有平握、直握、提握、反握、钳握、左手抱剑六种方法。

一、平握

五指成拳形，卷握剑把，剑刃向前，手心朝左。用于拦剑、崩剑、托剑、

推剑等。（图2-7）

【要点】
右手握剑，五指全握剑柄，手臂与剑身保持水平。

二、直握

五指成螺形，卷握剑把。用于刺剑、劈剑、斩剑、扫剑等。（图2-8）

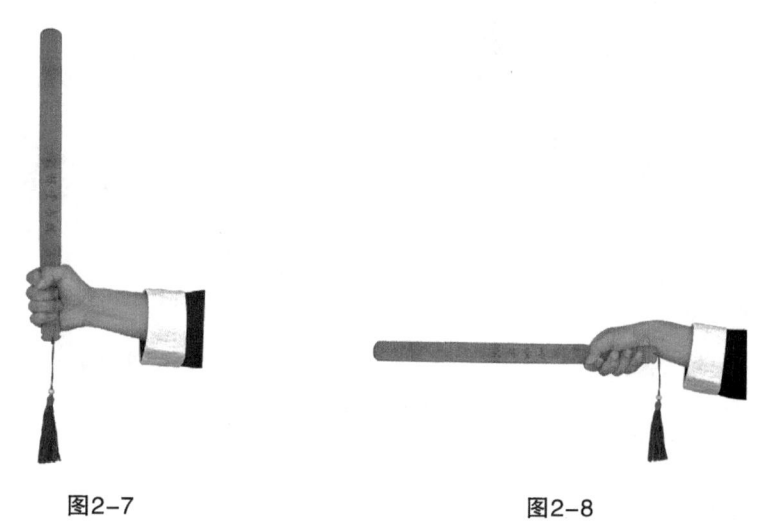

图2-7　　　　　　　　　　　图2-8

【要点】
右手握剑，手臂与剑身保持水平，小指侧剑刃朝下。

三、提握

腕关节弯屈上提，拇指、食指下压，其余三指上勾。用于点剑、提剑等。（图2-9）

【要点】

右手持剑手臂略高于肩，剑尖朝下。

四、反握

手臂内旋，手心向外，大拇指侧剑柄向下，食指侧剑刃向上用力；中指、无名指、小指向下勾压。用于撩剑、反刺剑等。（图2-10）

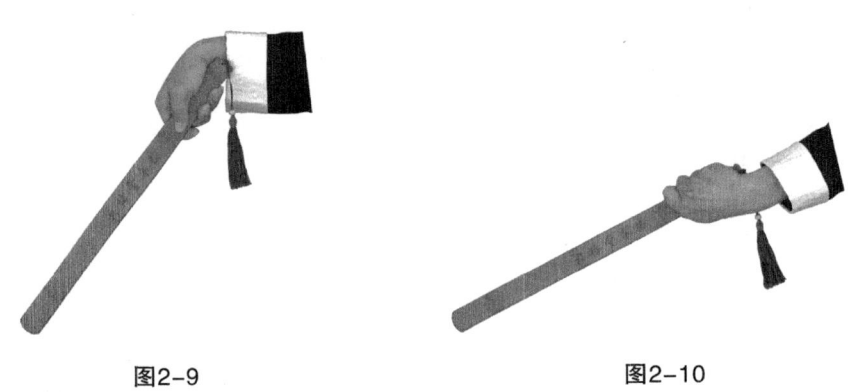

图2-9　　　　　　　　　　　图2-10

【要点】

右手持剑手臂略高于肩，手臂与剑身保持水平。

五、钳握

大拇指、食指和虎口钳夹剑柄，其余三指松握剑把。用于挑剑、抽剑、挂剑、云剑等。（图2-11）

【要点】

右手握剑，拇指、食指钳夹剑柄要有力，右手臂微微弯曲，剑把朝下。

六、左手抱剑

食指与中指并拢，自然伸直按压于剑把中部，小拇指、无名指、大拇指分别扣抓于剑柄上。（图2-12）

【要点】

左手抱剑自然下垂，剑身贴于左臂内侧，剑尖向上。

图2-11

图2-12

第三章 剑的基本技法

本章主要介绍剑的基本技法，从基本步型、基本腿法、基本技法三部分内容进行研究和论述。

第一节 基本步型

一、并步

两脚并拢，两手背后，抬头挺胸，目视前方，成立正姿势站立，称为"并步"。（图3-1）

【要点】
脚尖向前，两脚并拢要紧。

图3-1

图3-2

二、开步

两脚开立略宽于肩，两膝关节挺直，抬头挺胸，目视前方，称为"开步"。（图3-2）

【要点】
脚尖向前，两腿自然伸直。

三、夹马步

两脚开立，两膝关节弯曲，髋关节、膝关节和踝关节三扣三圆，称为"夹马步"。（图3-3）

【要点】

两脚尖指向正前方，膝关节内扣角度不宜过大。

图3-3

四、虚步

右脚在后屈膝下蹲，脚尖微外展，左脚向前屈膝，脚尖点地，脚跟抬起，重心在后腿，称为"虚步"。（图3-4）

【要点】

前腿为虚，后腿为实。

图3-4

五、提步

一腿膝关节微屈支撑，另一脚提起紧贴在支撑腿小腿内侧，脚掌与地面平行，称为"提步"。（图3-5）

【要点】

右脚提膝，脚尖指向正前方，不能外展，脚心正朝地面。

图3-5

六、丁八步

一脚保持不动，另一脚尖内扣45°~90°，转腰固胯，称为"丁八步"。（图3-6）

【要点】

左脚不变，右脚向内转角度不能大于90°。

图3-6

七、弓步

两腿前后分开，左脚在前，右脚在后，两脚之间的距离大约为一脚长的四至五倍，左腿屈膝下蹲，膝关节不超过脚尖；右腿膝关节绷直，目视前方，称为"弓步"。（图3-7）

【要点】

前脚脚尖向前，后脚脚尖向斜前方，前腿屈膝，后腿蹬。

图3-7

八、半马步

两脚左右分开，左脚在前，右脚在后，两脚之间的距离为四至五脚，两腿屈膝下蹲，大腿高于水平，身体重心略偏于后腿，前脚脚尖向前，后脚脚尖向外微外展，称为"半马步"。（图3-8）

【要点】

脚趾抓地要有力，裆部撑开。

图3-8

图3-9

九、丁步

两腿屈膝下蹲，身体重心移至左脚，右脚脚尖点地置于左脚内侧，脚跟抬起，目视前方，称为"丁步"。（图3-9）

【要点】

左脚踏实，脚趾抓地要有力，两腿膝关节不能外展。

十、骑龙步

两腿弯曲，前腿膝关节弯曲90°，后脚尖着地，脚跟抬起，称为"骑龙步"。（图3-10）

【要点】

右腿脚后跟不能落地，身体重心平均分配于两腿。

图3-10

十一、插步

右脚在前，脚尖外展，左脚向右后方插步，前脚掌着地，目视右后方，称为"插步"。（图3-11）

【要点】

左脚后插与右脚距离不宜过大，右脚尖外展，向右成横脚。

图3-11

图3-12

十二、扣膝步

身体重心移至右脚支撑站立，左脚提膝扣于右腿膝关节后侧，目视前方，称为"扣膝步"。（图3-12）

【要点】

右脚支撑身体重心要稳，左脚扣膝时要勾脚尖。

十三、盖步

两脚前后分开,距离为一至两脚,左脚在前脚尖外展,膝关节自然伸直,右腿屈膝下蹲,重心在右腿,称为"盖步"。(图3-13)

【要点】

右腿屈膝下蹲,脚趾抓地要有力,前腿为虚,后腿为实。

图3-13

十四、点步

两脚前后分开,身体重心移至左脚,膝关节绷直,右脚在后前脚掌点地,膝关节绷直,目视前方,称为"点步"。(图3-14)

【要点】

点步时身体重心要稳,3/4的力量在左腿,两腿膝关节绷直。

图3-14

十五、高马步

两脚分开略宽于肩,随即两腿微屈膝下蹲,抬头挺胸,目视前方,称为"高马步"。(图3-15)

【要点】

高马步时身体重心要稳,膝关节弯曲角度不宜过大。

图3-15

第二节　基本腿法

一、撩腿

两脚成插步，双手背后，身体重心移至左脚，右腿屈膝由前向后上方撩腿，目视右脚。（图3-16～图3-23）

图3-16　　　　　　图3-17　　　　　　图3-18

图3-19　　　　　　图3-20　　　　　　图3-21

图3-22　　　　　　　　　　　图3-23

【要点】

左脚站立，身体重心要稳，右脚撩腿时脚尖绷紧，脚尖向后，脚心朝上，脚高于髋关节。

二、蹬腿

两脚并步站立，双手背后，身体重心移至右脚支撑，左腿提膝向前蹬腿，脚尖向上，脚心朝前，目视左脚。（图3-24～图3-29）

图3-24　　　　　　　图3-25　　　　　　　图3-26

图3-27　　　　　　图3-28　　　　　　图3-29

【要点】

右脚支撑，身体重心要稳，左脚勾脚尖前蹬，高于髋关节。

第三节　基本技法

一、托剑

两脚并步站立，面向前，左手抱剑自然下垂于身体左侧，右手自然下垂于身体右侧，随即左脚向左移成开步，右手变剑指与左手抱剑由身体两侧向上"托剑"，目视右手剑指。（图3-30～图3-37）

【要点】

托剑时两手心向上，与肩同宽、同高。

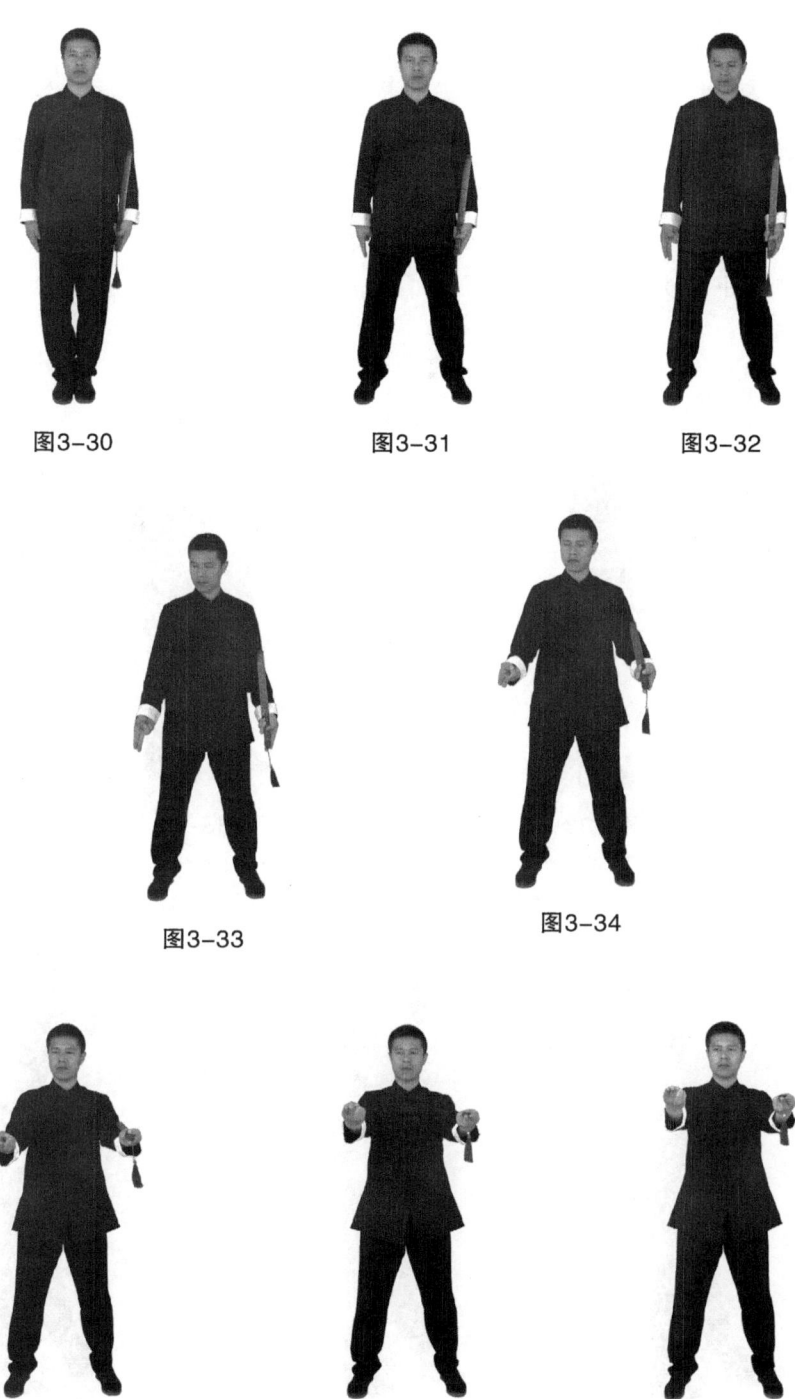

图3-30　　　　　图3-31　　　　　图3-32

图3-33　　　　　图3-34

图3-35　　　　　图3-36　　　　　图3-37

二、举剑

（1）单手举剑：两脚并步站立，面向右，左手抱剑自然下垂于身体左侧，右手自然下垂于身体右侧，随即左脚前点成虚步，右手剑指移至右腰间，左手抱剑由下向头顶上方"举剑"，目视剑首。（图3-38～图3-42）

图3-38　　　　　　图3-39

图3-40　　　　图3-41　　　　图3-42

【要点】

左手上举剑时向内旋腕,使手心向左,力达剑首。

(2)双手举剑:右手持剑置于右腰间,并步站立,左腿屈膝上提成提步,右手持剑于腹前,左手剑指变掌抱右手,双手持剑,随即由腹前向头顶上方"举剑",目视前方。(图3-43~图3-51)

图3-43　　　　　图3-44　　　　　图3-45

图3-46　　　　　图3-47　　　　　图3-48

图3-49

图3-50

图3-51

【要点】

双手举剑以剑尖向上，两臂微屈，力达剑尖。

三、平刺剑

双脚并步站立，右手持剑置于右腰间，左手剑指置于左腰间，随即左脚向前上步成左弓步，右手持剑由腰间向前"平刺剑"，左手置于右手肘关节内侧，目视剑尖。（图3-52～图3-60）

【要点】

右手以直握方式持剑，向前平刺时向外旋腕，使手心向上，大拇指侧剑刃朝右，剑身要平，与肩同高，力达剑尖。

第三章 剑的基本技法

图3-52　　　　　　图3-53　　　　　　图3-54

图3-55　　　　　　图3-56　　　　　　图3-57

图3-58　　　　　　图3-59　　　　　　图3-60

四、带剑

以左弓步平刺剑为始，身体重心后移，右腿屈膝下蹲成左半马步，右手持剑向内旋腕，由前向后"带剑"，收至左腹前，剑尖向前，手心朝下，左手剑指置于右手腕关节上方，目视剑尖。（图3-61～图3-69）

【要点】

内旋腕与带剑要同步进行，剑身保持平行，手心朝下。

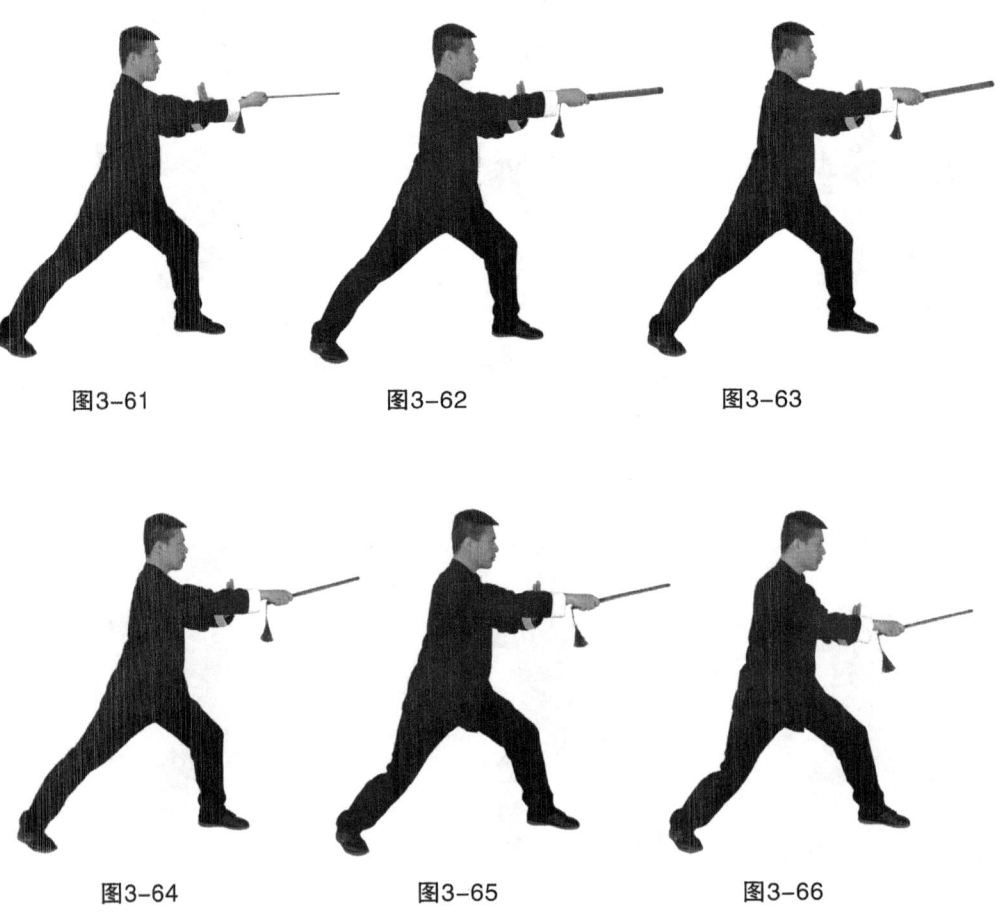

图3-61　　　　　图3-62　　　　　图3-63

图3-64　　　　　图3-65　　　　　图3-66

图3-67

图3-68

图3-69

五、架剑

右手持剑置于右腰间，并步站立，身体右转，右脚向右侧上步成半马步，随即右手持剑由右腰间向右上方"架剑"，左手置于右手腕关节内侧，目视剑身。（图3-70～图3-78）

图3-70

图3-71

图3-72

图3-73　　　　　　图3-74　　　　　　图3-75

图3-76　　　　　　图3-77　　　　　　图3-78

【要点】

右手以正握方式持剑，食指侧剑刃向右上架剑，剑尖向左，手心朝前，力达剑身。

六、前撩剑

右手持剑置于右腰间，并步站立，右脚向前上步成右弓步，身体右转，右手持剑向内旋腕，由右腰间向上向后向下再向前斜上方"撩剑"，剑尖向斜上方，食指侧剑刃朝内，左手剑指架于头顶上方，目视剑尖。（图3-79～图3-93）

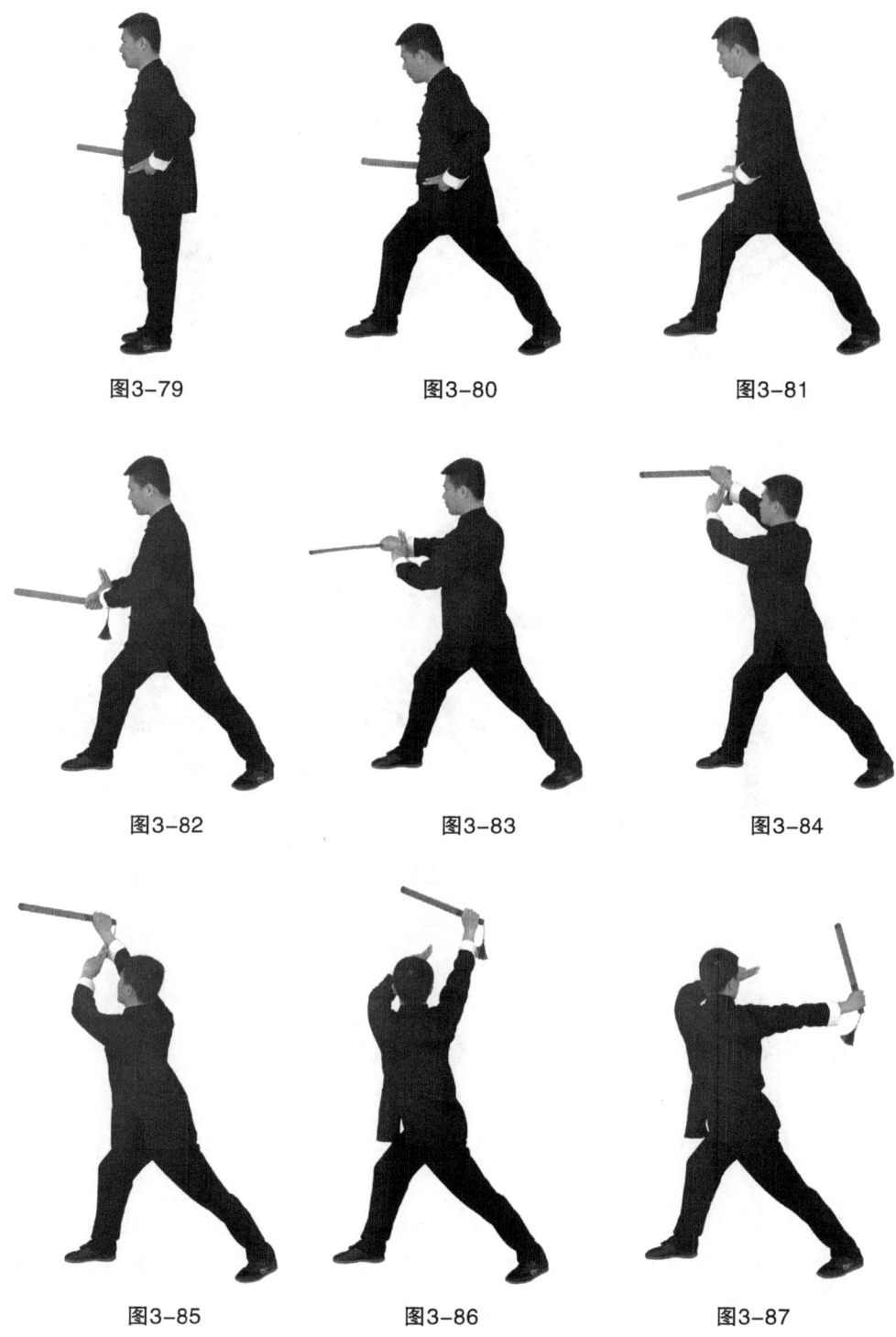

图3-79　　　　　　　图3-80　　　　　　　图3-81

图3-82　　　　　　　图3-83　　　　　　　图3-84

图3-85　　　　　　　图3-86　　　　　　　图3-87

图3-88　　　　　　　　图3-89　　　　　　　　图3-90

图3-91　　　　　　　　图3-92　　　　　　　　图3-93

【要点】

身体右转与撩剑同步进行，力达食指侧剑刃。

七、截剑

右手持剑置于右腰间，并步站立，右脚向右上步落地成半马步，身体左转，随即右手持剑由腰间向上向左向右下方"截剑"，剑尖向斜下方，手心朝下，左手剑指置于右手小臂内侧，目视剑尖。（图3-94～图3-104）

图3-94　　　　　　　　图3-95　　　　　　　　图3-96

图3-97　　　　　　　　图3-98　　　　　　　　图3-99

图3-100　　　　　　　图3-101　　　　　　　图3-102

图3-103　　　　　　　　　　图3-104

【要点】

转身与下截剑同步进行，以食指侧剑刃向右下方截剑，力达剑尖。

八、崩挑剑

右手持剑置于右腰间，并步站立，右脚向右上步，右手持剑由右腰间向右下方刺出，左手置于右手肘关节内侧，随即右脚回收至左脚内侧，脚尖点地成丁步，右手持剑压腕下沉，以大拇指侧剑刃由下向上向回"崩挑剑"，目视剑尖。（图3-105～图3-112）

图3-105　　　　　　　　图3-106　　　　　　　　图3-107

图3-108　　　　　　　图3-109　　　　　　　图3-110

图3-111　　　　　　　图3-112

【要点】

右手以钳握剑方式持剑，右手压腕下沉要突然爆发劲力，力达剑尖。

九、点剑

右手持剑置于右腰间，并步站立，右脚向前上步成弓步，右手持剑向上提腕，由腰间向前"点剑"，剑尖向斜下方，左手剑指置于头顶上方，目视剑尖。（图3-113～图3-122）

图3-113　　　　图3-114　　　　图3-115　　　　图3-116

图3-117　　　　　图3-118　　　　　图3-119

图3-120　　　　图3-121　　　　图3-122

【要点】

向上提腕点剑要突然发力，以食指侧剑刃向斜下方点剑，力达剑尖。

十、捧剑

右手持剑置于右腰间，并步站立，身体右转，右脚向右上步成半马步，右手持剑内旋腕，将前1/3处剑脊置于左手剑指上成"捧剑"，随即两手捧剑由腹前向前上方捧出，目视剑身。（图3-123～图3-128）

【要点】

右手以正握方式持剑，食指侧剑刃朝外，两手捧剑要平，力达剑脊。

图3-123　　　　　图3-124　　　　　图3-125

图3-126　　　　　图3-127　　　　　图3-128

十一、劈剑

以并步双手举剑开始，右脚向前上步成弓步，双手持剑由头顶上方向下"劈剑"，目视剑尖。（图3-129～图3-134）

图3-129　　　　　图3-130　　　　　图3-131

图3-132　　　　　图3-133　　　　　图3-134

【要点】

劈剑时要以食指侧剑刃向前发力劈出，力达剑身前1/3处剑刃。

十二、抹剑

右手持剑置于右腰间，并步站立，左脚向前上步成骑龙步，双手于腹前持剑，由腹前向上经胸前，向前向左向后"抹剑"至左胸前，剑尖向前，手心朝上，目视剑身。（图3-135～图3-144）

【要点】

双手持剑腕关节要有力，向前时两手臂伸直，以食指侧剑刃向左向后抹剑，力达食指侧剑刃。

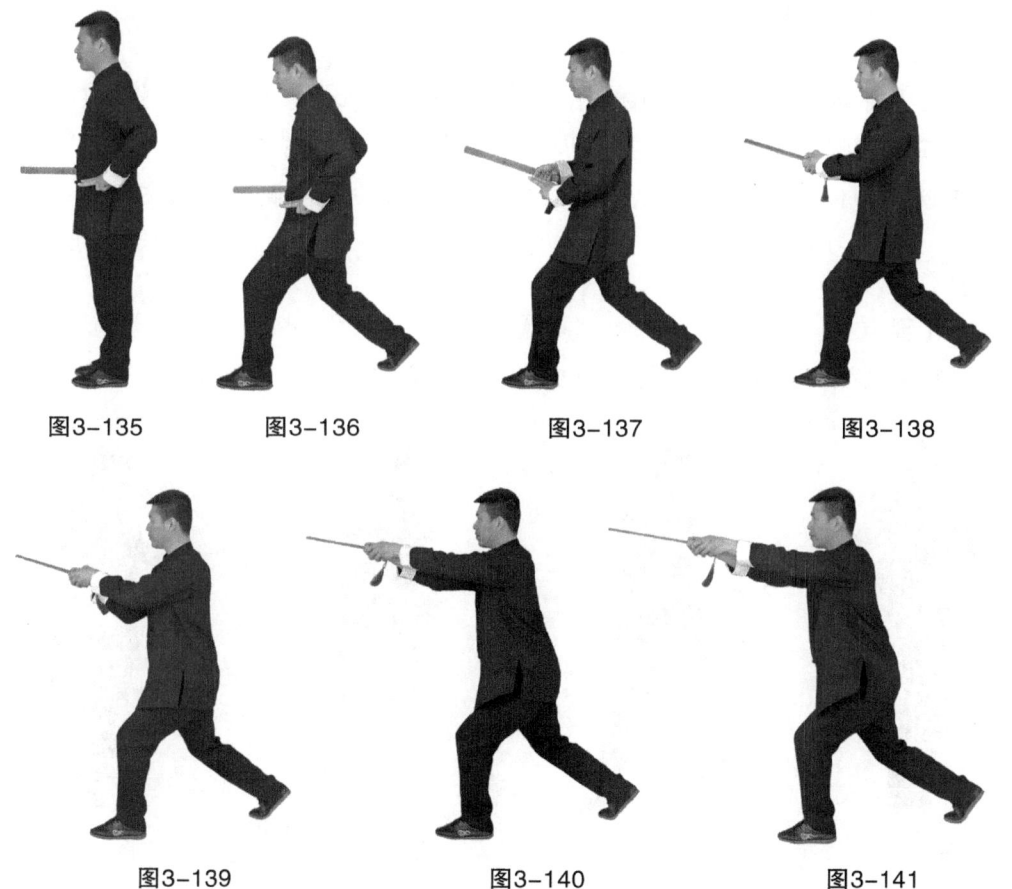

图3-135　　　　图3-136　　　　图3-137　　　　图3-138

图3-139　　　　图3-140　　　　图3-141

图3-142　　　　　　　图3-143　　　　　　　图3-144

十三、穿剑

右手持剑置于右腰间，并步站立，右脚向右开步，身体重心右移至右腿，左脚扣于右腿膝关节后侧成扣膝步，随即右手持剑由右腰间向右上方穿剑，食指侧剑刃向左，手心朝上，左手置于右手肘关节内侧，目视剑尖。（图3-145～图3-151）

【要点】

穿剑时要以剑尖向右斜上方穿出，持剑手腕要有力，力达剑尖。

图3-145　　　　图3-146　　　　图3-147　　　　图3-148

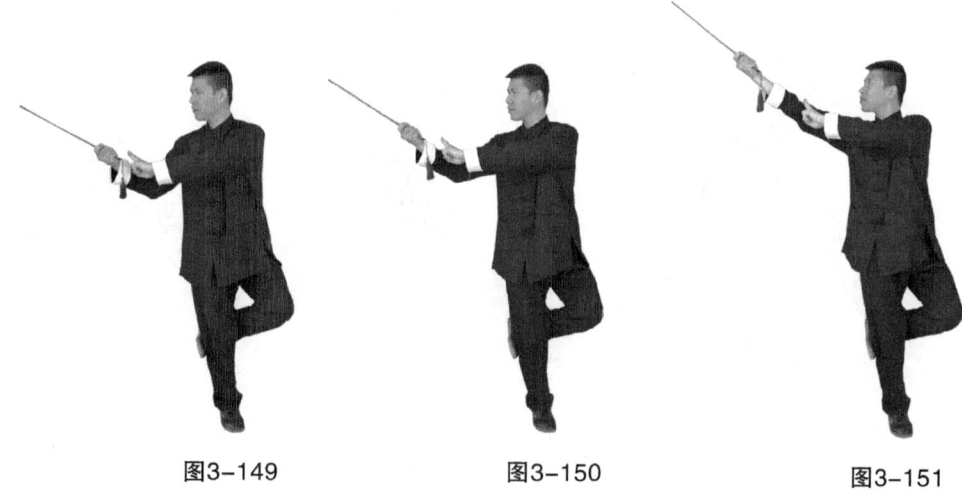

图3-149　　　　　　　图3-150　　　　　　　图3-151

十四、扫剑

右手持剑置于右腰间，并步站立，左脚向左上步成半马步，由半马步变弓步，右手持剑由右腰间向右向左扫剑，剑尖向前，手心朝上，左手剑指置于左侧成横指，目视剑尖。（图3-152～图3-160）

【要点】

扫剑时以食指侧剑刃向前扫出，以腕带剑力达食指侧剑刃。

图3-152　　　　　　　图3-153　　　　　　　图3-154

图3-155　　　　　图3-156　　　　　图3-157

图3-158　　　　　图3-159　　　　　图3-160

十五、拉剑

以左弓步刺剑开始，右腿屈膝下蹲成半马步，右手持剑由前向后经胸前回拉，剑尖向前，手心向内，左手剑指成正立指前推，目视左指。（图3-161～图3-167）

【要点】

右手以直握方式持剑，回拉时右肘关节向内屈臂与肩齐高，力达剑脊，左手剑指前推与右手拉剑要同步进行。

第三章 剑的基本技法

图3-161　　　　　　图3-162　　　　　　图3-163

图3-164

图3-165

图3-166

图3-167

十六、盖剑

右手持剑置于右腰间，并步站立，左脚脚尖外展向前落步成盖步，右手持剑，由右腰间向斜上方刺剑，随即以剑脊由上向下盖剑，剑尖向前，手心向下，左手剑指置于右手肘关节内侧，目视剑身。（图3-168～图3-176）

【要点】
右手以直握方式持剑，剑身保持水平，力达剑脊。

图3-168　　　　　图3-169　　　　　图3-170

图3-171　　　　　图3-172　　　　　图3-173

图3-174　　　　　图3-175　　　　　图3-176

十七、横刺剑

右手持剑置于右腰间，并步站立，左脚向前上步屈膝成弓步，右手持剑，以剑尖由右向左侧"横刺剑"，剑尖向左，手心朝下，目视剑尖。（图3-177～图3-183）

【要点】

横刺剑时右手以平握剑方式持剑，剑身保持水平，以腕带剑，力达剑尖。

图3-177　　　　图3-178　　　　图3-179　　　　图3-180

| 图3-181 | 图3-182 | 图3-183 |

十八、格剑

右手持剑置于右腰间，并步站立，左脚向前上步成半马步，右手持剑成立剑，由右向前向左"格剑"，回收至胸前，再由胸前向前推出，然后回收置于胸前，剑尖向上，大拇指侧剑刃朝左。（图3-184～图3-195）

【要点】
双手持剑在体前逆时针画平圆，向前推时以剑脊向前发力，力达剑脊。

| 图3-184 | 图3-185 | 图3-186 |

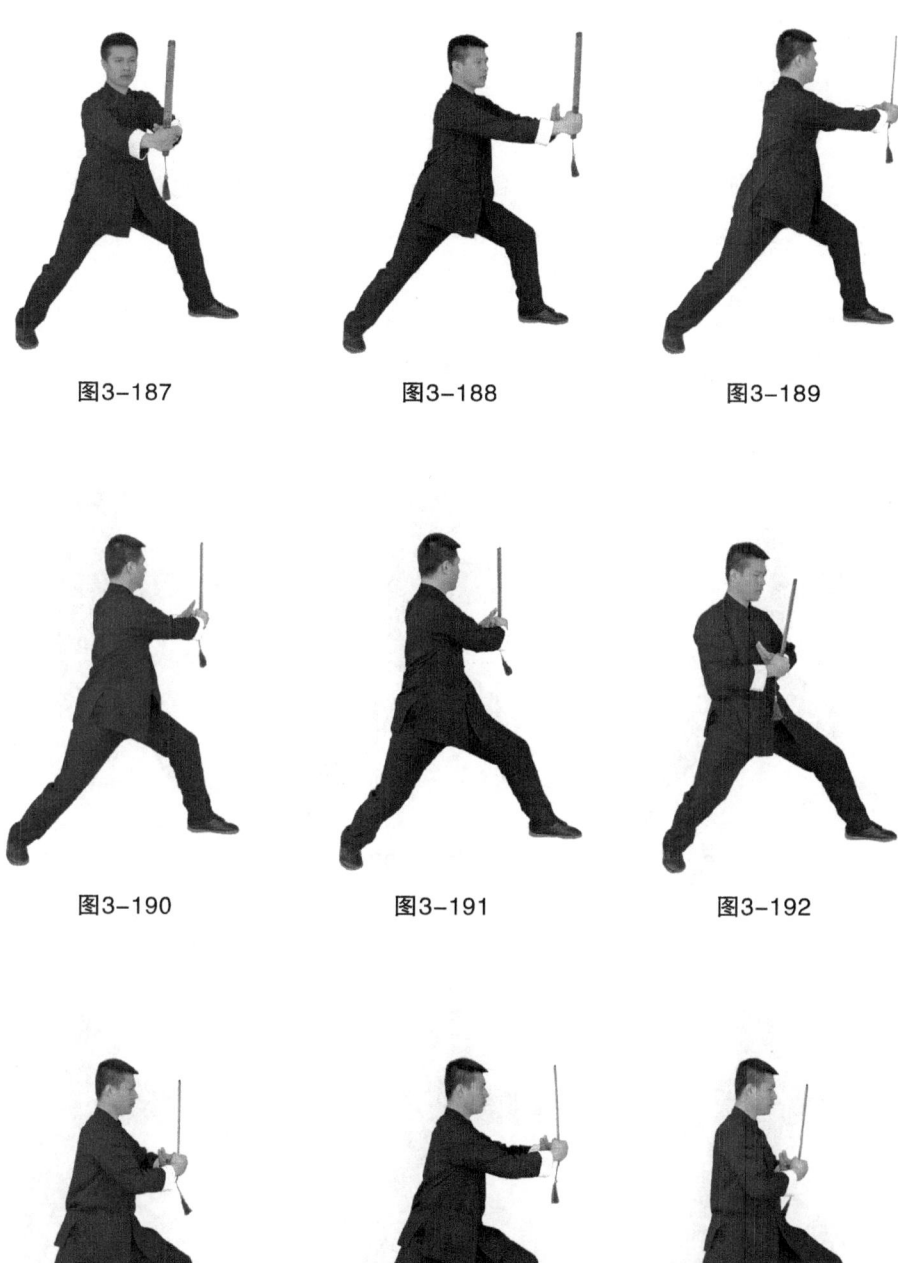

图3-187　　　　　　　图3-188　　　　　　　图3-189

图3-190　　　　　　　图3-191　　　　　　　图3-192

图3-193　　　　　　　图3-194　　　　　　　图3-195

十九、绞剑

以半马步平刺剑开始,右手持剑以剑身1/2处为圆点,逆时针方向画立圆绕环"绞剑",目视剑尖。(图3-196~图3-205)

【要点】

绞剑时持剑手以肩、肘、腕等关节为轴心,力达剑身。

图3-196　　　　　　图3-197　　　　　　图3-198

图3-199　　　　　　图3-200　　　　　　图3-201

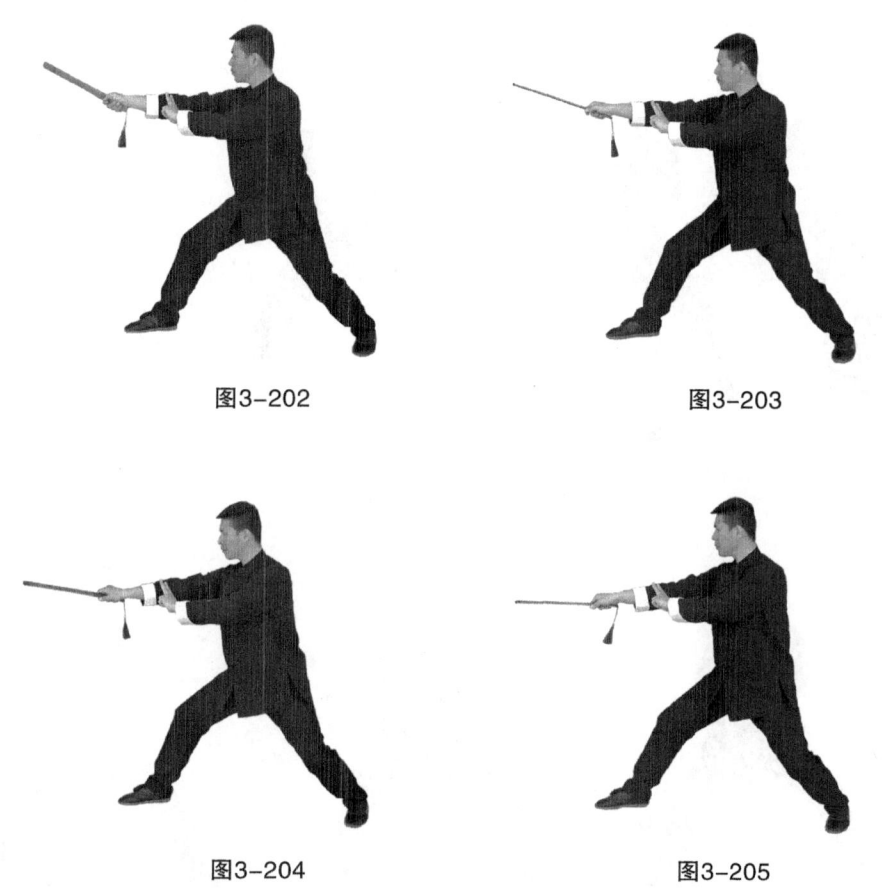

图3-202　　　　　　　　　　图3-203

图3-204　　　　　　　　　　图3-205

二十、削剑

右手持剑置于右腰间，并步站立，右脚向右迈步成半马步，右手持剑以食指侧剑刃由右腰间经腹前向右前削出，剑尖向左，手心朝下，目视剑身。（图3-206～图3-215）

【要点】

削剑时右手以平握剑方式持剑，力达食指侧剑刃。

图3-206　　　　图3-207　　　　图3-208　　　　图3-209

图3-210　　　　图3-211　　　　图3-212

图3-213　　　　图3-214　　　　图3-215

二十一、挂剑

右手持剑置于右腰间，并步站立，右脚向后退步，脚尖点地成点步，右手持剑由右腰间向头顶上方架剑，随即由上向下向后上，以剑尖向前，在身体左右两侧画立圆"挂剑"。（图3-216～图3-234）

【要点】
挂剑时右手以钳握方式持剑，剑要贴身画圆。

图3-216　　　　图3-217　　　　图3-218

图3-219　　　　图3-220　　　　图3-221

图3-222　　　　　　图3-223　　　　　　图3-224

图3-225　　　　　　图3-226　　　　　　图3-227

图3-228　　　　　　图3-229　　　　　　图3-230

图3-231　　　　　　　　图3-232

图3-233　　　　　　　　图3-234

二十二、云剑

右手持剑置于右腰间，并步站立，两腿屈膝，左脚上提成提步，右手持剑由腰间上架置于头顶上方，随即右手向外旋腕，使剑在头顶上方顺时针划一个360°平圆。（图3-235~图3-246）

【要点】

云剑时要以腰带臂、腕，画一平圆，右手用钳握方式持剑。

图3-235　　　　　图3-236　　　　　图3-237

图3-238　　　　　图3-239　　　　　图3-240

图3-241　　　　　图3-242　　　　　图3-243

图3-244　　　　　　　图3-245　　　　　　　图3-246

二十三、击剑

右手持剑置于右腰间，并步站立，右脚向前上步屈膝下蹲成半马步，右手持剑由右腰间向上向斜前上方，以食指侧剑刃前1/3处"击剑"，目视剑尖。（图3-247～图3-256）

【要点】

击剑时要抖腕发力。

图3-247　　　　　图3-248　　　　　图3-249　　　　　图3-250

图3-251　　　　　　　图3-252　　　　　　　图3-253

图3-254　　　　　　　图3-255　　　　　　　图3-256

二十四、斩剑

右手持剑置于右腰间，并步站立，身体重心移至左脚支撑，右脚提膝前落成半马步，随即双手持剑由右腰间向上举至头顶上方，然后双手持剑向右旋腕以食指侧剑刃向下"斩剑"，目视剑身。（图3-257～图3-269）

【要点】

斩剑时剑身呈水平状，力达食指侧剑刃。

第三章 剑的基本技法

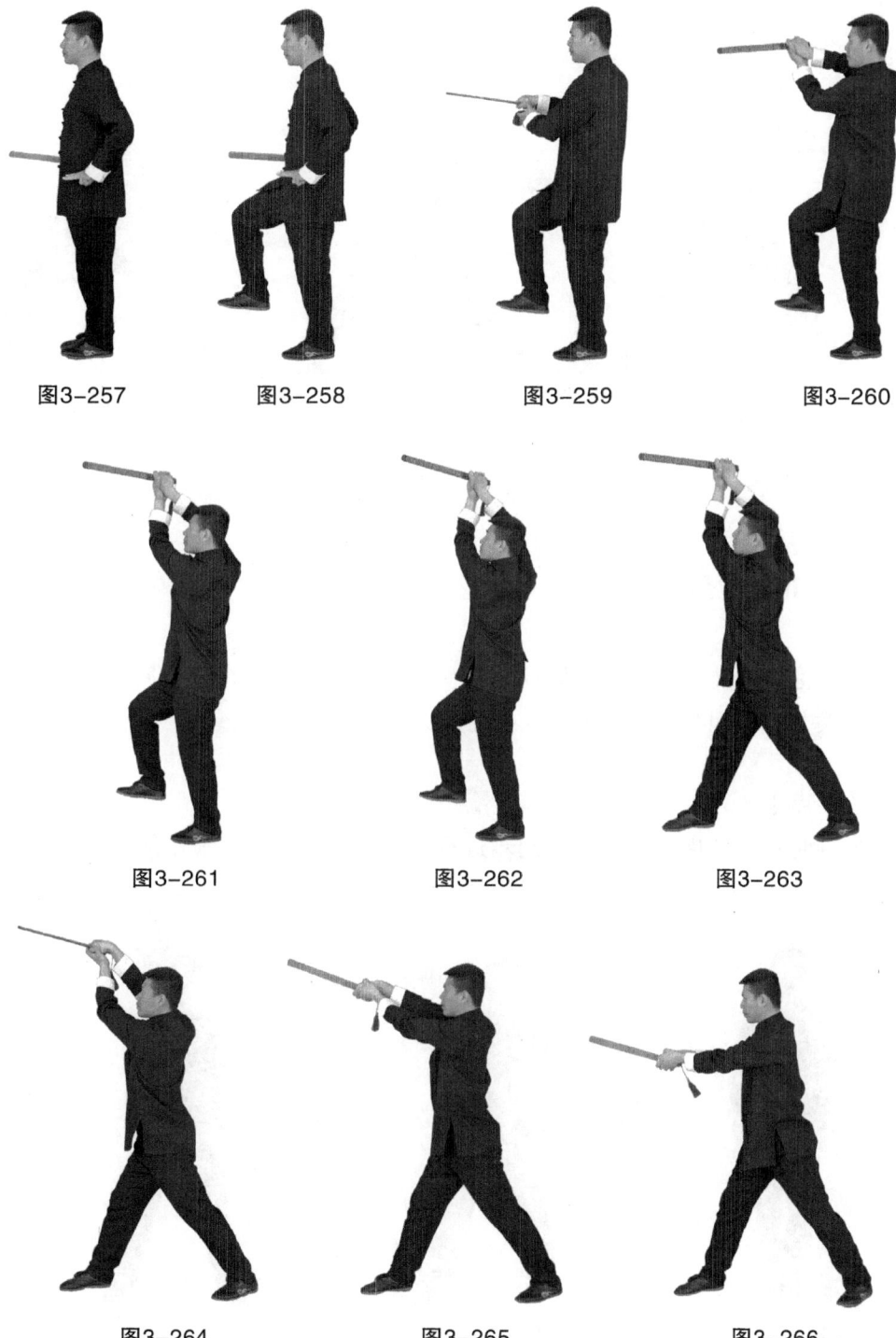

图3-257　　　图3-258　　　图3-259　　　图3-260

图3-261　　　图3-262　　　图3-263

图3-264　　　图3-265　　　图3-266

图3-267　　　　　　图3-268　　　　　　图3-269

二十五、抱剑

左手抱剑，并步站立，左脚向左迈一步成开步，左手托剑与肩同高，随即右手肘关节屈臂回收。（图3-270～图3-274）

【要点】

托剑时右手剑指与左手抱剑同步进行，屈肘抱剑时肘关节不能外展。

图3-270　　　　　　图3-271　　　　　　图3-272

图3-273

图3-274

二十六、压剑

以开步右抱球开始,两腿屈膝下蹲成夹马步,随即右手剑指向下压指至右手剑柄上方成"压剑",目视右剑指。(图3-275～图3-279)

【要点】

压剑时左手抱剑至于腹前,右手剑指成俯指向下压指。

图3-275

图3-276

图3-277

图3-278

图3-279

二十七、刺剑

右手持剑置于右腰间，并步站立，左脚向前上步并屈膝下蹲成骑龙步，随即两手于胸前持剑，然后由胸前向前"刺剑"，目视剑尖。（图3-280～图3-289）

【要点】

双手以直握方式持剑，以剑尖向前刺出，食指侧剑刃向下，力达剑尖。

图3-280　　图3-281　　图3-282　　图3-283

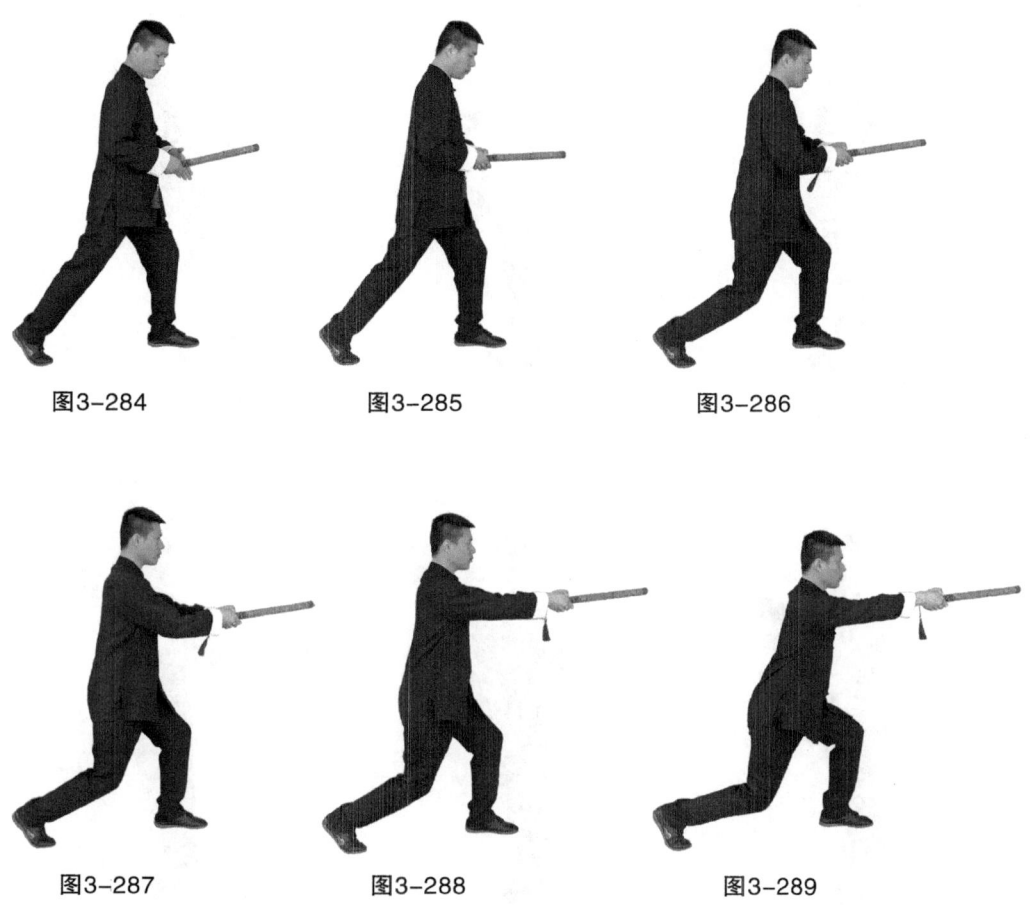

图3-284　　　　　图3-285　　　　　图3-286

图3-287　　　　　图3-288　　　　　图3-289

二十八、反撩剑

右手持剑置于右腰间，并步站立，身体右转，右手持剑由右腰间向后"反撩剑"，剑尖向斜下方，手心向左，左手剑指向斜上方穿指，目视剑尖。（图3-290～图3-295）

【要点】
后撩剑以食指侧剑刃向右反撩，腕部发力，力达剑尖。

63

图3-290　　　　　图3-291　　　　　图3-292

图3-293　　　　　图3-294　　　　　图3-295

第四章 经络学说及分布

本章主要介绍经络学说及分布,从经络的概念和经络系统、经络的基本生理功能、十二经脉、奇经八脉四部分内容进行研究和论述。了解经络学说及分布,为戒尺剑的心法和气法练习提供理论依据。

经络,是人体组织结构的重要组成部分。人体气血津液的运行,脏腑器官的功能活动,以及相互之间的联系和协调,均须通过经络系统的运输传导、联络调节的功能得以实现,并使之成为一个有机的整体。

经络学说,是研究人体经络系统的组织结构、生理功能、病理变化及其与脏腑形体官窍、气血津液等相互关系的学说,是中医理论体系的重要组成部分。

经络学说是我国古代人民在长期的生活、医疗实践过程中,主要通过施用砭刺、导引、推拿、气功等方法,进行保健或治疗时,结合病人的感传现象,积累了丰富的经验,并依据当时的解剖生理知识,加之古代哲学思想的渗透影响,逐步上升为理论而产生的。经络学说与气血津液学说、藏象学说等,在共同产生、形成和发展的过程中,自成体系,各具特点。同时彼此相互补充印证,成为中医学阐述正常人体生命活动规律的基本学说。只有综合运用这几种医学学说,才能比较完整地阐释人体的生理功能和病理变化的规律,有效地指导诊断和治疗。

自《黄帝内经》[13]经络学说形成开始,历代医家结合自身的实践,不断予以补充、整理和完善。长期以来,经络学说一直在医疗实践中发挥重要的指导作用。它不仅是针灸、推拿、气功等学科的理论基础,而且对指导中医临床各科,均有着重要的意义。正如《灵枢·经脉》关于"经脉者,所以能决死生,处百病,调虚实,不可不通。"[14]《医学入门·运气》所说的"医者不明经络,犹人夜行无烛"[15]等,都强调了经络学说在中医学中的重要地位。

第一节 经络的概念和经络系统

一、经络的概念

经络是人体运行全身气血,联络脏腑形体官窍、沟通上下内外的通道。经络,是经脉和络脉的总称。"经""络"名称的出现较"脉"为晚,经络是对脉的进一步分析。《灵枢·经脉》说:"经脉十二者,伏行分肉之间,深而不见……诸脉之浮而常见者,皆络脉也。"《医学入门》也说:"经者,径也;经之支脉旁出者为络。"可见经脉与络脉的区别在于:经,即路径之意。经脉是主干,多循行于深部,纵行于固定的路径。络,即网络之意。络脉是分支,深部和浅部皆有,呈纵横交错状网罗全身。经脉和络脉,相互沟通联系,将人体所有的脏腑、形体、孔窍等部分紧密地联结成一个统一的有机整体。

二、经络系统

人体经络系统,由经脉、络脉、经筋、皮部和脏腑等五个部分组成,其中以经脉和络脉为主,在内连属于脏腑,在外连属于筋肉、皮肤,如《灵枢·海论》所说"内属于腑脏,外络于肢节。"经络系统的组成见图4-1。经脉和络脉贯串于脏腑器官、形体官窍等一切组织,并遍布全身各部的经络系统。

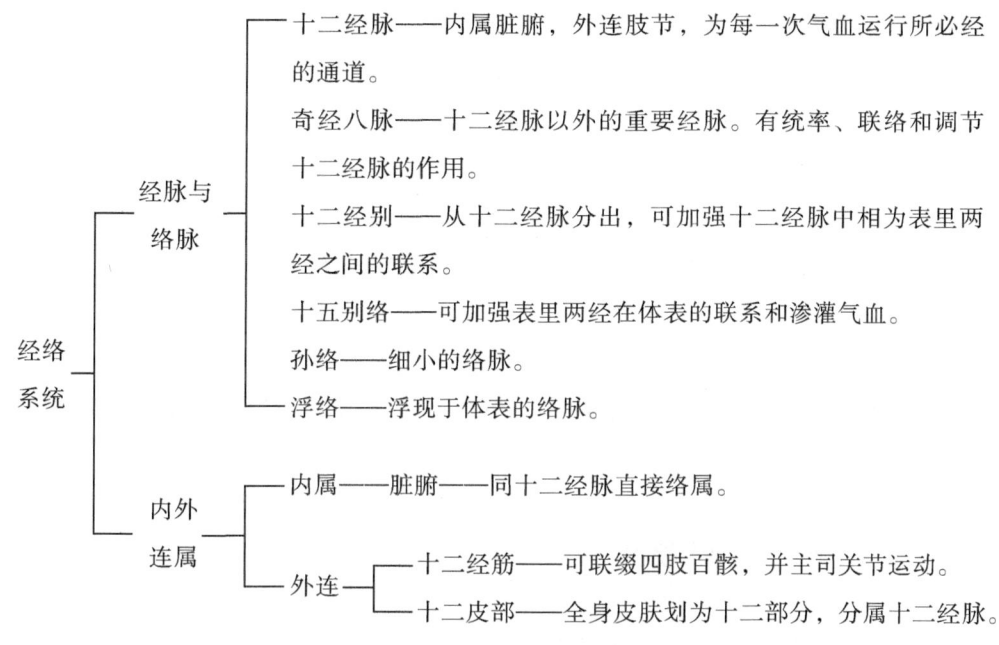

图4-1 经络系统简表

（一）经脉与络脉

正经有十二条，即手、足三阴经和手、足三阳经，合称为"十二经脉"。十二经脉有一定的起止，一定的循行部位和交接顺序，在肢体的分布和走向有一定的规律，与脏腑有直接的络属关系，是人体气血循行的主要通道。

奇经有八条，即督脉、任脉、冲脉、带脉、阴跷脉、阳跷脉、阴维脉、阳维脉，合称为"奇经八脉"。正经与奇经的不同，正如《圣济总录》所说："脉有奇常，十二经者常脉也，奇经八脉则不拘于常，故谓之奇经。盖言人之气血常行于十二经脉，其诸经满溢则流入奇经焉。"[16]奇经主要具有统率、联络和调节十二经脉的作用。

十二经别，是从十二经脉分出的较大的分支，分别起于四肢，循行于体腔脏腑深部，上出于颈项浅部。其中，阴经之经别从本经别出循行于体内，而与相为表里的阳经相合，起到加强十二经脉中相为表里两经之间的联系，并能通达某些正经未循行到的形体部位和器官，以补正经之不足。

络脉是经脉的分支，多数无一定的循行路径。络脉有别络、浮络和孙络之分。

别络也是较大的分支。十二经脉与督脉、任脉之别络，以及脾之大络，合为"十五别络"。别络的主要功能是加强相为表里的两条经脉之间在体表的联系。

浮络是循行于人体浅表部位（皮肤表面）而常浮现的络脉。

孙络是最细小的络脉，《素问·气穴论》称之有"溢奇邪""通荣卫"[17]的作用。

（二）外连经筋和皮部

经筋和皮部，是十二经脉与筋肉和皮肤的连属部分。经络学说认为，经筋是十二经脉之气"结、聚、散、络"于筋肉、关节的体系，是十二经脉的连属部分，故称之为"十二经筋"，具有联缀四肢百骸、主司关节运动的作用。全身的皮肤，是十二经脉的功能活动反映于体表的部位，也是经络之气散布之所在。"十二皮部"就是把全身皮肤划分为十二个部分，分属于十二经脉。

（三）内络属脏腑

经络联系全身的组织、器官，布散于体表各处，同时深入体内，连属各个脏腑。正经、经别、奇经、络脉都与脏腑有一定的联系。其中，十二经脉则起着主要和直接的连属作用。

十二经脉各与其本身脏腑直接相连，称为"属"。手三阴经联系于胸部，内属于肺、心包、心；足三阴经联系于腹部，内属于脾、肝、肾。足三阳经内属于胃、胆、膀胱；手三阳经内属于大肠、三焦、小肠。

十二经脉各与其相为表里的脏腑相联系，称为"络"。阳经皆属腑而络脏，阴经皆属脏而络腑。如手太阴肺经，属肺络大肠；手阳明大肠经，属大肠络肺。余皆依此类推。

十二经脉中的阴经和阳经分别络属于相应的脏腑，构成了阴阳经脉与脏腑表里相合的关系。即阳明与太阴，少阳与厥阴，太阳与少阴均相为表里。此外，还通过经络的循行、交叉和经别、络脉等的分支，或与其他脏腑贯通连接等，从而构成了经络与脏腑之间广泛复杂的联系。

第二节 经络的基本生理功能

经络的生理功能主要表现在运行全身气血以营养脏腑组织；联络脏腑器官以沟通上下内外；感应传导信息以调节人体各部分机能使之协调平衡等方面。

一、运行全身气血，营养脏腑组织

气血是人体生命活动的动力和物质基础。《灵枢·本藏》："经脉者所以行血气而营阴阳，濡筋骨，利关节者也。"[18]人体的气血必须经过经络的传注，才能布散于全身各处，以"内溉脏腑，外濡腠理"（《灵枢·脉度》）[19]，维持机体的生命活动。

十二经脉是人体经络系统的核心，是气血运行的主要通道。《灵枢·营气》认为：人体气血的运行，主要遵循十二经脉流注衔接的顺序，并与任、督二脉构成首尾相接、如环无端的路线，而不断地环流循环[20]。十二经脉在内属络脏腑，在外连属五官九窍及四肢百骸，人体气血通过以十二经脉为中心的遍布全身上下内外的庞大的经络系统，周流不息，渗透灌注到各个组织器官中去，以提供充足的营养和能量，维持和发挥其正常的生理活动。与此同时，气血亦依赖经络的传注输送，以多种循行方式和路径，通达于全身，发挥其营养机体、抗御外邪等重要作用。

经络的功能活动正常，气血运行通畅，各脏腑功能强健，就能抵御外邪侵袭，防止疾病的发生。反之，经络失去正常的机能，经气不利，则御邪不力，外邪就会乘机入侵致病。

二、联络脏腑器官，沟通上下内外

人体是由五脏六腑、五官九窍、四肢百骸等组成的复杂有机体。其各部分具有各不相同的生理功能，同时又共同组成有机的整体活动。这种相互联系、彼此配合及有机协调，主要是依靠经络系统的联络、沟通作用实现的。由于十二经脉及其分支的纵横交叉、入里出表、通上达下，相互络属脏腑，联络肢节，奇经八脉联系沟通于十二正经，调节盈虚，从而使人体各个脏腑，以及体表各个组织器官之间有机地联结起来，构成一个内外、表里、左右、上下彼此之间紧密联系、协调共济的统一的有机整体。

经络联络沟通全身脏腑组织器官，主要表现于以下四个方面。

1. 脏腑与肢节的联系

脏腑与外周肢节的联系，主要是通过十二经脉实现的。《灵枢·海论》说："夫十二经脉者，内属于腑脏，外络于支节。"[21]十二经脉在体内循行与相对应的脏腑有着固定的络属联系．其经脉之气又散络结聚于经筋，并布散于皮部。这样，体表的筋肉、皮肤等组织与脏腑之间，通过十二经脉内属外连的联系而相互沟通。这种联系包含有体表外周肢节的一定部位与不同脏器之间的内外对应的特殊关系，又有周身体表肢节与体内脏腑广泛的统一整体性联系。

2. 脏腑与官窍的联系

位于体表上下的目、舌、口、鼻、耳、前阴和后阴等五官九窍，都是经脉循行所过的部位，而经脉又多内属于脏腑。脏腑与官窍之间，通过经脉的沟通而相互联系。如手少阴心经属心、络小肠、系"目系"，其别络"系舌本"；足厥阴肝经属肝、络胆、绕"阴器"、系"目系"；足阳明胃经属胃、络脾、环绕口唇、挟鼻；手太阳小肠经、手少阳三焦经、足少阳胆经均进入耳中；足太阳膀胱经别"入于肛"等。这种联系既包含有不同的官窍成为不同内脏的

"苗窍"的特殊关系，也有官窍与脏腑的广泛的整体性联系。

3. 脏腑之间的联系

人体的十二经脉，分别络属一脏一腑，从而建立了相为表里的一脏一腑之间联系的基础。同时，有的经脉还联系多个脏腑，或有的脏腑则有多条经脉到达。如：足厥阴肝经属肝、络胆、挟胃、注肺中；足少阴肾经属肾、络膀胱、贯肝、入肺、络心；到达联络肺脏的经脉有手太阴肺经属肺，手阳明大肠经络肺，以及足厥阴肝经、足少阴肾经和手少阴心经。此外，经别又补正经之不足。如：胃经之经别上通于心；胆经之经别贯心等。这样，通过经脉的属络等联系就构成以至加强了脏腑的整体统一性。

4. 经脉之间的联系

十二经脉之间的表里阴阳相接，有着一定的衔接和流注次序，并与任、督二脉构成首尾相连的整体循行系统。十二经脉之间还有多处相互交叉、交会，再加上经别、别络的联络，更加强了彼此之间的联系。十二经脉还与奇经八脉之间纵横交错，而且奇经八脉之间亦彼此相互联系。如：十二经脉的手三阳经和足三阳经均汇于督脉之大椎穴，阳维脉与督脉汇于风府穴，故称督脉为"阳脉之海"；十二经脉的足三阴经以及奇经八脉中的阴维脉、冲脉均汇任脉，足三阴经又上接手三阴经，故称任脉为"阴脉之海"；冲脉前与任脉并于胸中，后则通督脉，而任、督二脉通汇十二经脉，加之冲脉"其上者，出于颃颡，渗诸阳……其下者，并于少阴之经，渗三阴"（《灵枢·逆顺肥瘦》）[22]，容纳来自十二经脉的气血，故称冲脉为"十二经脉之海"；督、任、冲三脉同起于胞中等。以上经脉与经脉之间的多种、多层次的联系，使经络成为一个具有完整结构的调节系统。

经络是联系沟通体内脏腑与体表形体官窍的纽带。脏腑的病变，可以通过经络的感传反映于外，表现于与其相应的官窍和部位。如：肝火上炎，可见目赤肿痛；心火上炎，可见舌尖红赤碎痛；胃热炽盛，可见牙龈肿痛。《素问·藏气法时论》指出："肝病者，两胁下痛引少腹……心病者……两臂内痛……脾病者……腹满肠鸣……肺病者……肩背痛……肾病者……大腹小腹痛……"[23]可见，脏腑病变通过经络所反映于体表相应的官窍或部位的各种症状和体征，正是诊断治疗疾病的依据。

人体脏腑之间通过经络相互沟通、彼此联系，所以一旦脏腑发生病变，经络即可成为脏腑之间疾病相互传变的途径，使一个脏腑的病变通过经络传至另一个脏腑。如：足厥阴肝经挟胃、注肺中，所以肝病可以犯胃或犯肺；足少阴肾经入肺、络心，所以肾水上泛，可致"凌心""射肺"；足太阴脾经络胃、注心中。胃经的经别也上通于心，所以中焦实热可熏蒸于心而致神志昏迷等。互为表里的阴阳两经，更由于或络或属于相同的脏腑，因而使互为表里的脏与腹，在病理上常常互相影响，彼此传变。如心与小肠相表里，心火可下移小肠，而见小便黄赤或尿血；肺与大肠相表里，肺气不降，往往引起大肠腑气不通，而致腹胀腹痛，大便不通；反之，大肠实热，又可引起肺气不利而见胸闷喘咳等。如此，运用经络学说就能对临床实践中出现的脏腑疾病相互传变的纷繁复杂的情况，给予比较全面的、科学的说明。

三、感应传导信息，调节机能平衡

人体作为一个具有自动调控功能的巨系统，在生命的每一瞬间都有千万个信息变换过程发生，但无论这些信息的变换过程如何复杂，其变换和传递，主要是以经络系统及其运行全身的气血为载体而实现。经络系统作为人体的信息传导网络，可以感受来自人体内外环境中的各种信息，并按其性质、特点和量度等传递至相应的脏腑组织、五官九窍、四肢百骸，反映或调节其功能状态。

经络系统凭借上下内外、四通八达的信息传导网，可把局部的信息感传至全身，又能把整体的信息传导于某一局部，从而"行诸于外"，为诊断疾病提供重要依据。

在临床实践中，根据经脉循行的部位及所属脏腑的规律，对疾病症状和体征所出现的具体部位进行分析，作出推断。如：两胁疼痛，多为肝胆疾病；缺盆中痛，常是肺脏病变。又如头痛一症，痛在前额者，多与阳明经有关；痛在两侧，多与少阳经有关；痛在后头连及项部者，多与太阳经有关；痛在巅顶者，多与厥阴经有关。再如腧穴辨证方法，即对经络所属穴位出现的异常反映进行体察和分析，以确定病位，如胃肠病患者常在足三里、地机等穴出现压痛；肺疾患者常在肺腧、中穴有压痛、过敏或皮下结节。近年来，还利用多种仪器对人体腧穴的探测，可以在一定程度上了解经络、脏腑、组织器官的病变，为协助诊断提供佐证。经络学说不仅在直接指导对临床所表现出的症状、体征等进行分析归纳的辨证诊断方面，具有独特的原则和方法，而且还是中医普遍应用的舌诊、脉诊及小儿指纹诊法的重要理论依据。

经络系统通过对各种信息的接收、传递、变换等作用，自行调节气血的运行，协调脏腑的关系，以维持人体内外环境的相对平衡，保障健康。若人体的气血阴阳失去协调平衡，通过经络系统的自我调节，仍不能回复正常者，则发生疾病。当人体发生疾病时，即可针对气血失和、阴阳盛衰的具体证候，运用针灸、推拿、导引等方法，通过对适当的穴位施以适量的刺激，以激发经络的调节自律作用。"泻其有余、补其不足，阴阳平复"（《灵枢·刺节真邪》）[24]。实验和临床实践证明，按照"循经取穴"原则，针刺健康人和病人的有关穴位，产生"得气"和"行气"等经络感传反应，均可对各有关脏腑机能产生调整作用，使亢奋者得到平抑，或使抑制者转为兴奋。可见，经络学说在指导运用针灸和推拿等疗法时，具有重要的实用意义。

此外，使用药物治疗疾病，亦需以经络为途径，通过经络的传导和输送，方能使药送达病所，发挥治疗作用，古代医学家在长期临床实践基础上，总结出某些药物对某一脏腑经络具有特殊的选择性作用，创立并形成了"药物归经"和"引经报使"等理论。如杏仁、桔梗入属肺经以治胸闷喘咳；朱砂、枣仁入属心经以治心悸失眠；头痛属太阳经的可用羌活，属阳明经的可用白芷等。可见在经络理论的指导下，主要针对疾病部位，优选药物，以更好地发挥调节人体机能的作用，提高疗效。

第三节　十二经脉

十二经脉是经络系统中的核心组成部分。经络系统中的十二经别以及络脉等都是从十二经脉中分出，彼此联系，相互配合而协同发挥作用的。

一、名称

十二经脉对称地分布于人体的左右两侧,分别循行于上肢或下肢的内侧或外侧,每一条经脉又分别属于一脏或一腑,因此,每一条经脉的名称,是依据阴阳、手足、脏腑三个方面而命定的。人体各部分以阴阳分类,即脏为阴,腑为阳,内侧为阴,外侧为阳。阴分太阴、厥阴、少阴,阳分阳明、少阳、太阳。各条经脉按其所属脏腑,并结合循行于四肢的部位,确定各经的名称。(图4-2)

	阴经(属脏)	阳经(属腑)	循行部位	
手	太阴肺经	阳明大肠经	上肢	前缘
	厥阴心包经	少阳三焦经		中线
	少阴心经	太阳小肠经		后缘
足	太阴脾经	阳明胃经	下肢	前缘
	厥阴肝经	少阳胆经		中线
	少阴肾经	太阳膀胱经		后缘

图4-2 十二经脉名称分类表

手经循行于上肢;足经循行于下肢。阴经属脏,循行于四肢内侧;阳经属腑,循行于四肢外侧。分布于四肢内侧前缘的称太阴经;分布于四肢内侧中间的称厥阴经;分布于四肢内侧后缘的称少阴经。分布于四肢外侧前缘的称阳明经;分布于四肢外侧中间的称少阳经;分布于四肢外侧后缘的称太阳经。十二经脉据此规律分别命名为:手太阴肺经、手厥阴心包经、手少阴心经、手阳明大肠经、手少阳三焦经、手太阳小肠经、足太阴脾经、足厥阴肝经、足少阴肾经、足阳明胃经、足少阳胆经、足太阳膀胱经。

二、循行部位

1. 手太阴肺经

手太阴肺经（图4-3）起于中焦，下行络大肠，复返向上循胃口（上口贲门），通过膈肌，直属于肺，上至喉部，而后横行至胸部外上方（中府穴），出腋下，沿上肢内侧前缘下行，过肘窝入寸口上鱼际，直出拇指之端（少商穴）。

分支：从手腕的后方（列缺穴）分出，沿掌背侧前行，走向食指桡侧端（商阳穴）交于手阳明大肠经。

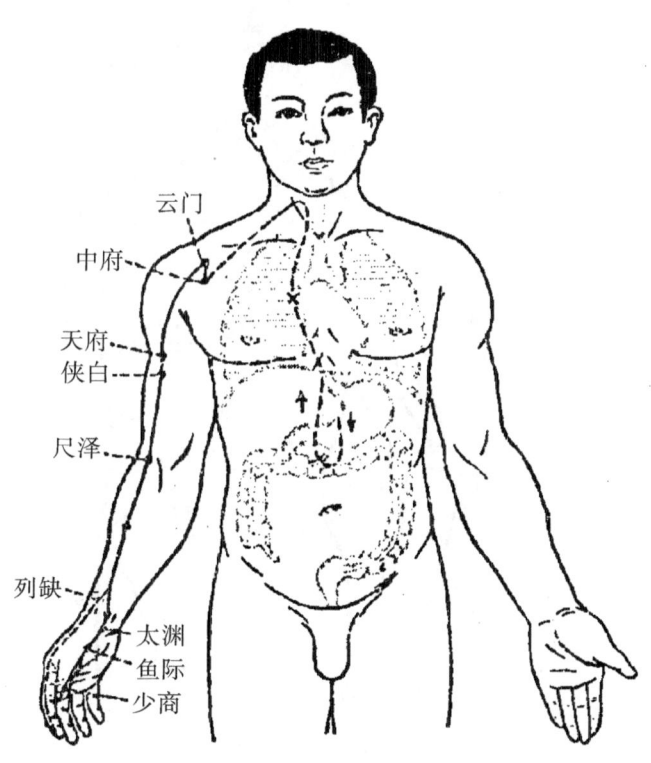

图4-3　手太阴肺经

2. 手阳明大肠经

手阴明大肠经（图4-4）起于食指桡侧端（商阳穴），沿食指桡侧上行，经过合谷穴，行于上肢伸侧前缘，上至肩关节前缘，过肩后，到项后第七颈椎棘突下（大椎穴），再向前下行入锁骨上窝（缺盆穴），进入胸腔络肺，向下通过膈肌下行属大肠。

分支：从锁骨上窝（缺盆穴）上行，经颈部至面颊，过大迎穴，入下齿中，复返出挟口角两旁，过地仓穴，绕至上唇鼻下中央人中（水沟穴），左右交叉于人中（右脉左行，左脉右行），分别至对侧鼻翼旁（迎香穴），交于足阳明胃经。

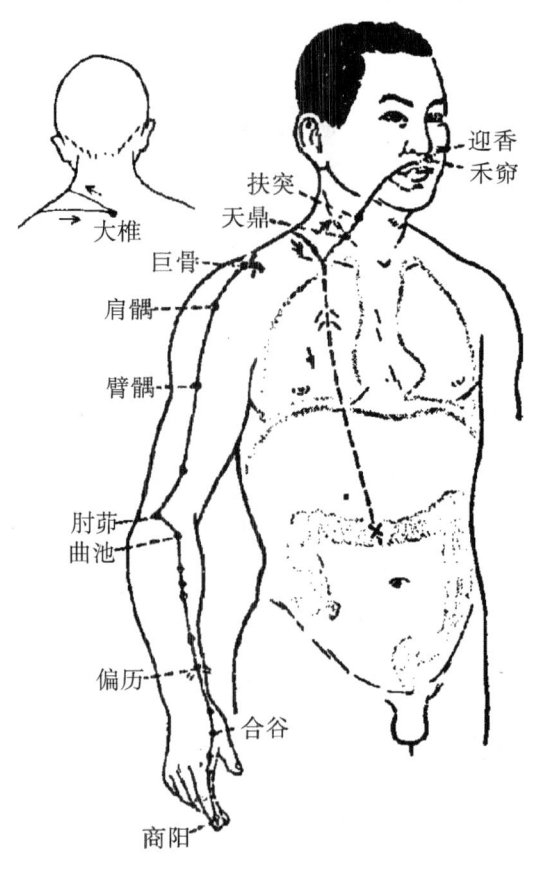

图4-4　手阳明大肠经

3. 足阳明胃经

足阳明胃经（图4-5）起于鼻翼两侧（迎香穴），挟鼻上行至鼻根部，旁行入目内眦（睛明穴），与足太阳经相交，向下沿鼻柱外侧，过承泣，巨髎，进入上齿龈内，还出，挟口两旁，环绕嘴唇，左右相交于颏唇沟（承浆穴），再向后沿下颌骨后下缘到大迎穴处，上行过耳前，经上关穴，沿着前发际，到达额前（头维穴）。

分支：从大迎穴分出，下行到人迎穴，沿喉咙向下后行至大椎，折向前行，入缺盆，深入胸腔，下行穿过膈肌，直属胃，而络脾。

直行者：从缺盆出体表，沿乳中线下行，挟脐两旁（旁开二寸），下行至腹股沟处气街穴。

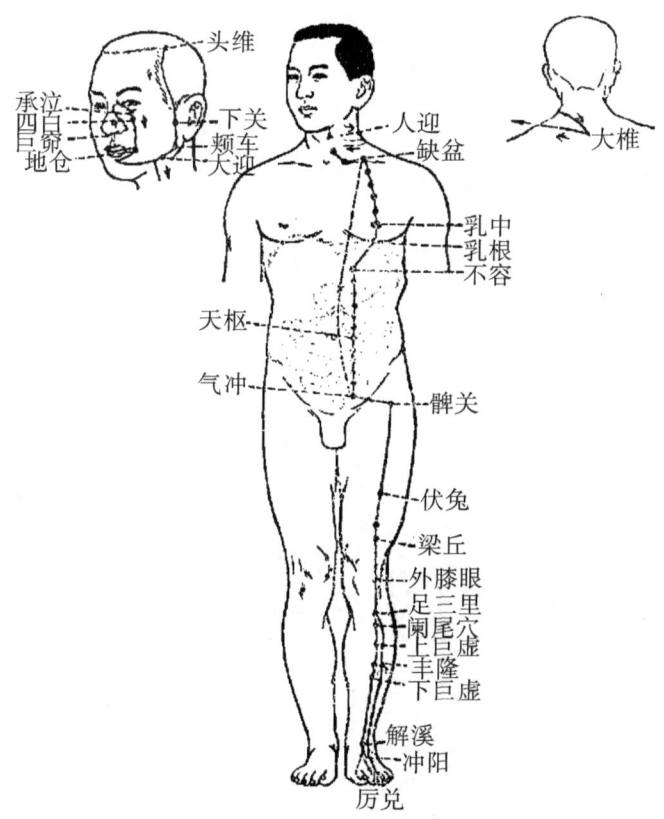

图4-5 足阳明胃经

分支：从胃下口幽门处分出，沿腹腔内下行到气街穴，与来自缺盆的直行之脉会合，而后下行于大腿前外侧，经过膝膑，沿下肢胫骨前缘外侧下行至足背，进入第二趾外侧端（厉兑穴）。

分支：从膝下三寸处（足三里穴）分出，下行至第三足趾外侧端。

分支：从足背冲阳穴分出，前行进入足大趾内侧端（隐白穴），交于足太阴脾经。

4. 足太阴脾经

足太阳脾经（图4-6）起于足大趾内侧端（隐白穴），沿足背内侧赤白肉际，上行经过内踝前缘的商丘穴，沿小腿内侧正中线上行，在内踝上八寸处交叉，行于足厥阴肝经之前，上行沿大腿内侧前缘至冲门穴进入腹部，属脾，络胃。再向上穿过膈肌，沿食道两旁上行，挟咽两旁，连于舌根，散于舌下。

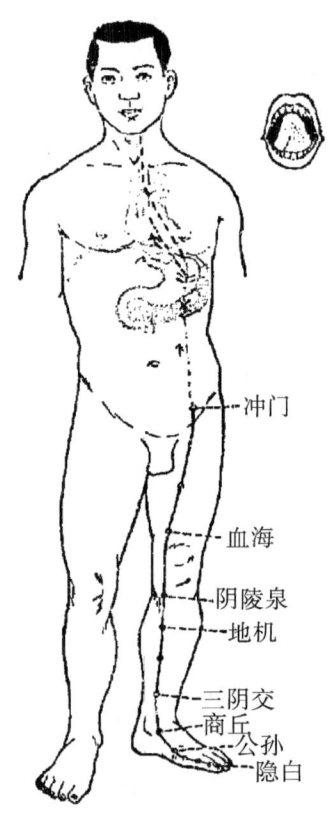

图4-6 足太阴脾经

分支：从胃分出，上行通过膈肌，注入心中，交于手少阴心经。

5. 手少阴心经

手少阴心经（图4-7）起于心中，出行后属心系，向下穿过膈肌，络小肠。

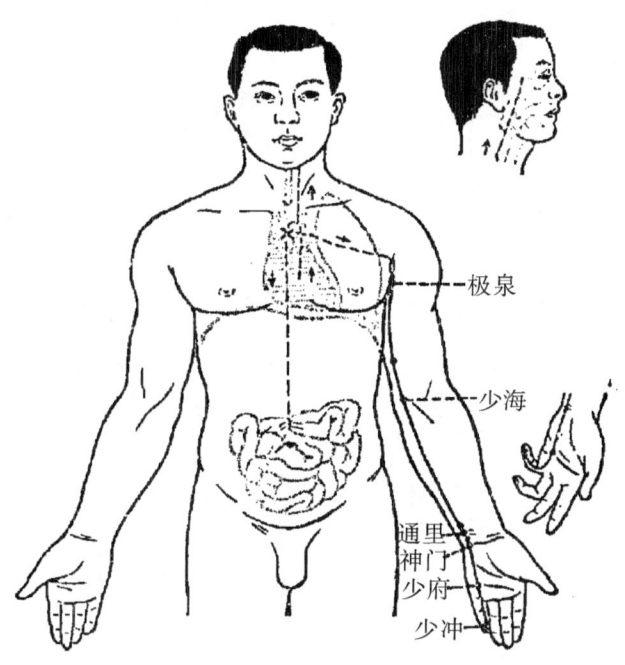

图4-7 手少阴心经

分支：从心系分出，挟食道上行，经颈、颜面深部连目系。

直行者：从心系分出，经过肺，再浅出腋下（极泉穴），沿上肢内侧后缘，经肘过腕，进入掌后锐骨端，自掌后内侧直至小指桡侧端（少冲穴），交于手太阳小肠经。

6. 手太阳小肠经

手太阳小肠经（图4-8）起于小指外侧端（少泽穴），直上腕部外侧阳谷穴，沿上肢外侧后缘上行，过肘部，出于肩关节后面的肩贞穴，绕行于肩胛部的肩中俞后，交会大椎穴，向前经缺盆，深入胸腔，下行络心，再沿食道，穿过膈肌，到达胃部，下行，属小肠。

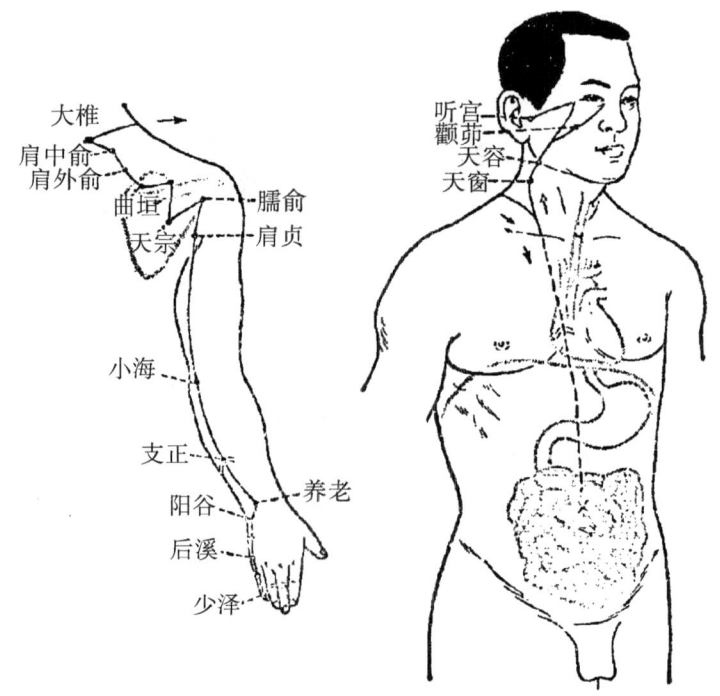

图4-8 手太阳小肠经

分支：从缺盆出，沿颈部上行到面颊部，至目外眦后，折入耳中。

分支：从面颊分出，斜向目眶下缘直达鼻根部，至目内眦（睛明穴），交于足太阳膀胱经。

7. 足太阳膀胱经

足太阳膀胱经（图4-9）起于目内眦（睛明穴），向上经过额部，直至巅顶，左右交会于头顶部的百会穴。

分支：从头顶部分出，至耳上角部。

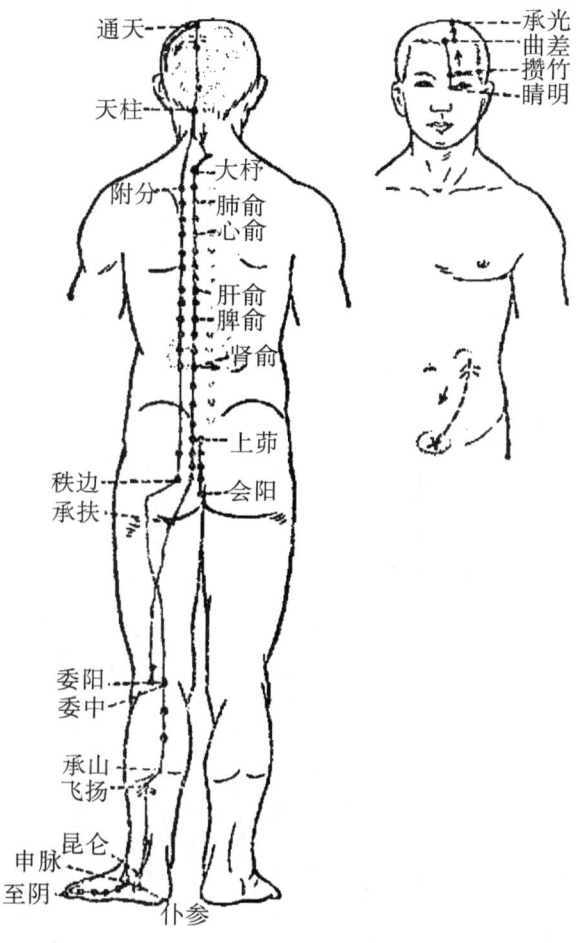

图4-9 足太阳膀胱经

直行者：从头顶部分出，向后下行至枕骨处，进入颅腔，络脑，重返出来，下行到项部（天柱穴），再交会于大椎穴，然后再分左右沿肩胛内侧，脊柱两旁（距背侧中线一寸五分），到达腰部（肾俞穴），进入脊柱两旁的肌肉（膂），深入腹腔，络肾，属膀胱。

分支：从腰部继续沿脊柱两旁下行，穿过臀部，从大腿后侧外缘下行至腘窝中（委中穴）。

分支：从项部分出下行，经肩胛内侧，从附分穴挟脊，沿背中线旁三寸下行，直至髀枢，经大腿后侧至腘窝中与前一支脉会合，然后下行穿过腓肠肌，出走于足外踝后的昆仑穴，在足跟部折向前，经足背外侧缘至足小趾外侧端（至阴穴），交于足少阴肾经。

8. 足少阴肾经

足少阴肾经（图4-10）起于足小趾端下，斜行于足心（涌泉穴），出于舟骨粗隆之下的然谷穴，沿内踝后，分出进入足跟，向上沿小腿内侧后缘，至腘内侧，直上股内侧后缘，至尾骨部（长强穴），贯穿脊柱，入属肾，络膀胱。

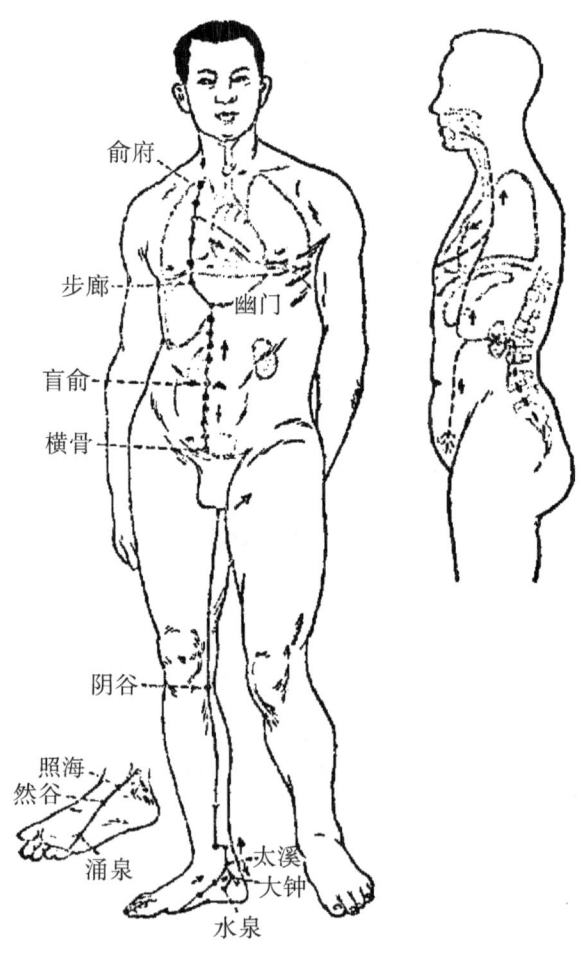

图4-10 足少阴肾经

直行者：从肾上行，穿过肝和膈肌，进入肺中，沿喉咙上达舌根两旁。

分支：从左右股内侧后缘大腿根部分出，向前夹阴部两侧，至下腹部，沿腹部中线两侧（距正中线0.5寸）上行，夹脐，抵胸部前，直到锁骨下（俞府穴）。

分支：从肺中分出，络于心，注于胸中（膻中穴处），交于手厥阴心包经。

9. 手厥阴心包经

手厥阴心包经（图4-11）起于胸中，出属心包络，下行，穿过膈肌，依次络于上、中、下三焦。

分支：从胸中分出，浅出胁部当腋下三寸处（天池穴），向上至腋窝下，沿上肢内侧中线入肘，经腕后内关穴，过腕入掌中（劳宫穴），沿中指桡侧，出中指桡侧端（中冲穴）。

分支：从掌中（劳宫穴）分出，沿无名指尺侧，直至其指端的关冲穴，交于手少阳三焦经。

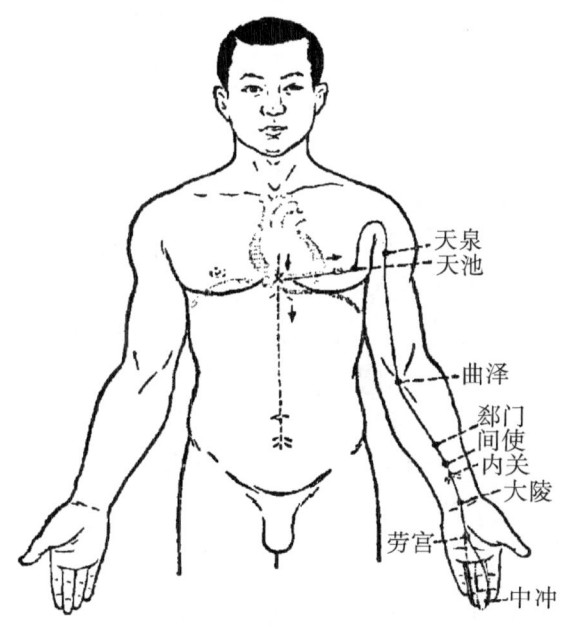

图4-11　手厥阴心包经

10. 手少阳三焦经

手少阳三焦经（图4-12）起于无名指尺侧端（关冲穴），向上沿无名指尺侧至手腕背面外侧（阳池穴），上行于上肢外侧尺骨和桡骨之间，通过肘尖，沿上臂外侧上行至肩部（肩髎穴），向前行入缺盆，布于膻中，散络心包，向下穿过膈肌，依次属上、中、下三焦。

分支：从膻中分出，向上出缺盆，至肩部项后，左右交会于大椎穴，上行至项，沿耳后（翳风穴），直上于耳上角，然后屈曲向下经面颊部，至目眶下。

分支：从耳后翳风穴分出，进入耳中，出走耳前，经上关穴前，在面颊部与前一分支相交，至目外眦（瞳子髎穴），交于足少阳胆经。

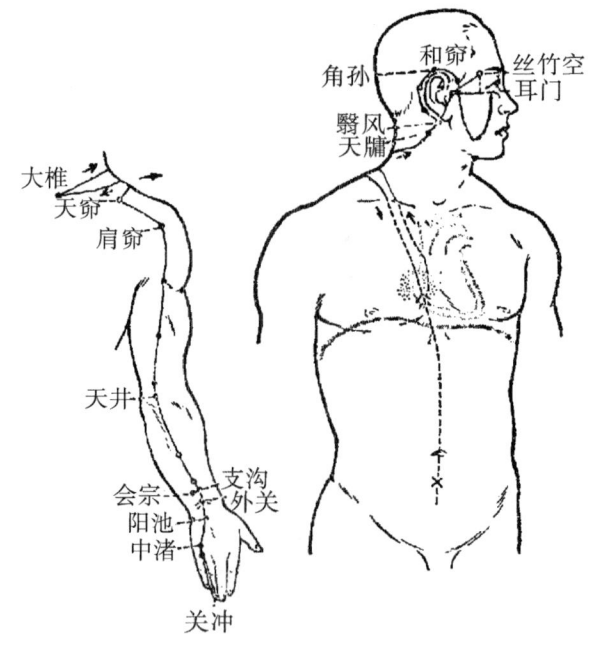

图4-12 手少阳三焦经

11. 足少阳胆经

足少阳胆经（图4-13）起于目外眦（瞳子髎穴），向上至头角（颔厌穴），再向下到耳后（完骨穴），再折向上行至额部达眉上（阳白穴），然后向后折至耳后风池穴，再沿颈部侧面下行到达肩部（肩井穴），于项后左右交会于大椎穴，然后前行入缺盆。

分支：从耳后完骨穴处分出，经翳风穴进入耳中，再出走于耳前，过听宫穴至目外眦后方。

分支：从目外眦分出，下行至下颌部的大迎穴处，同手少阳经分布于面颊部的支脉相合，复行至目眶下，再向下经过下颌角部（颊车穴），下行到颈部，经颈前人迎穴，与前脉会合于缺盆后，下入胸腔，穿过膈肌，络肝，属胆。沿胁里浅出气街，绕毛际，横向至髋关节环跳穴处。

直行者：从缺盆分出，下行至腋，过渊腋穴，沿胸侧部（日月穴），经过季胁，下行至环跳穴处与前脉会合，再向下沿大腿外侧、膝关节外缘，行于腓骨前面，直下至腓骨下端，出外踝之前，沿足背行，出于足第四趾外侧端（窍阴穴）。

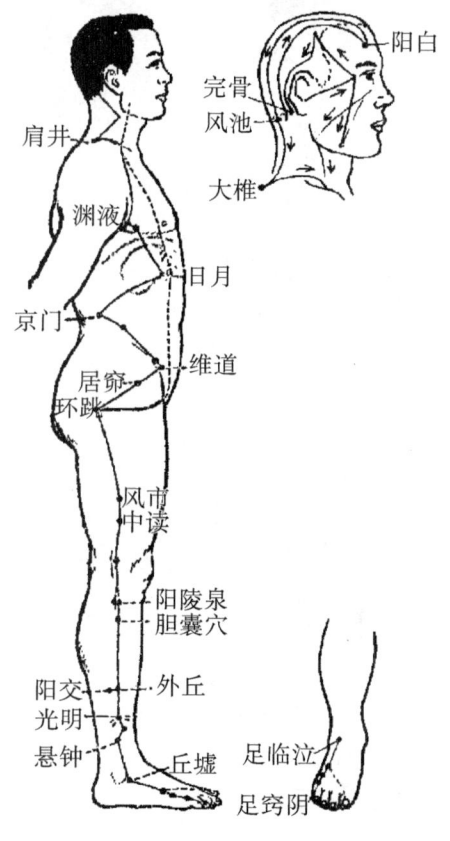

图4-13 足少阳胆经

分支：从足背（临泣穴）分出，前行出足大趾外侧端，折回穿过爪甲，分布于足大趾爪甲后丛毛处，交于足厥阴肝经。

12. 足厥阴肝经

足厥阴肝经（图4-14）起于足大趾爪甲后丛毛处，下至足大趾外侧端（大敦穴），沿足背向上，至内踝前一寸处的中封穴，向上沿胫骨内侧前缘，在内踝上八寸处交出足太阴脾经之后，上行过膝内侧，沿大腿内侧中线进入阴毛中，绕阴器，抵少腹，上行至章门穴，循行至期门穴入腹，挟胃两旁，属肝，络胆。向上穿过膈肌，分布于胁肋部，沿喉咙之后，向上进入鼻咽部，上行连于目系，出于额，直达头顶部，与督脉交会于巅顶百会穴。

分支：从目系分出，下行于颊里，环绕在口唇之内。

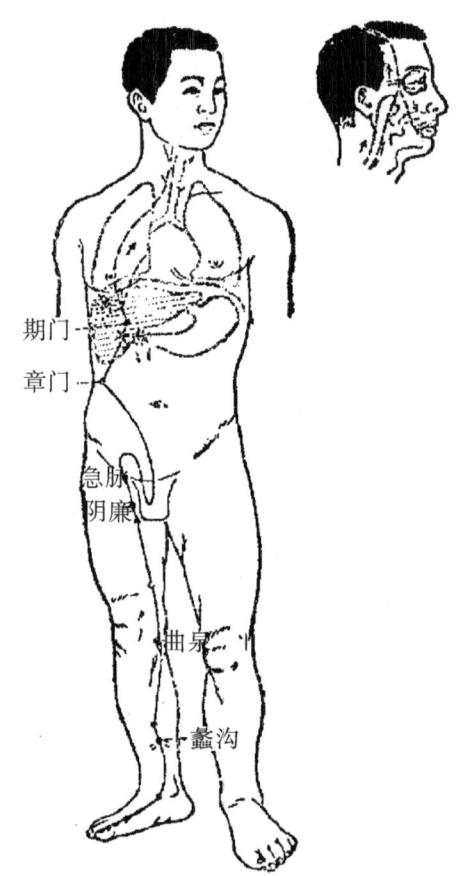

图4-14　足厥阴肝经

分支：从肝分出，穿过膈肌，向上注入肺中，交于手太阴肺经。

三、循行规律

根据十二经脉循行的路线和部位，可以归纳出其走向、交接、分布、表里关系及流注次序等方面，具有一定的规律。

1. 走向与交接规律

《灵枢·逆顺肥瘦》说："手之三阴，从脏走手；手之三阳，从手走头；足之三阳，从头走足；足之三阴，从足走腹。"[25] 即：手三阴经均起于胸中，从胸走向手，在手指各与其相为表里的手三阳经交会；手三阳经均起于手指，从手走向头，在头面各与其同名的足三阳经交会；足三阳经均起于头面部，从头走向足，在足趾

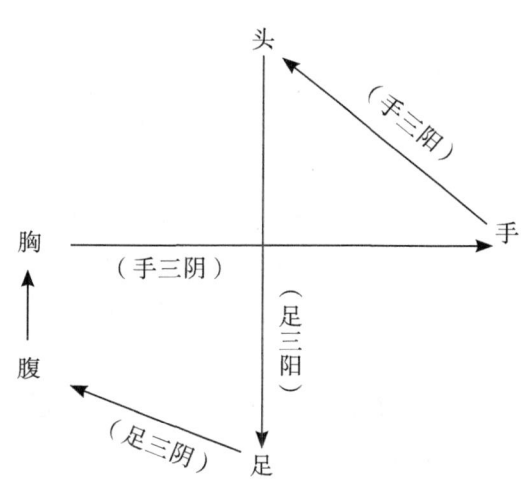

图4-15　十二经脉走向及交接规律示意图

各与其相为表里的足三阴经交会；足三阴经均起于足趾，从足走向胸腹（并继续延伸至头部），在胸部各与手三阴经交会。这样十二经脉就构成如《灵枢·营卫生会》所说的"阴阳相贯，如环无端"[26] 的循环径路。（图4-15）

十二经脉按照一定的循行走向，相互联系所体现的交接规律大致为：

①相为表里的阴经与阳经在四肢部交接

如手太阴肺经在食指端与手阳明大肠经交接，手少阴心经在小指端与手太阳小肠经交接，手厥阴心包经在无名指端与手少阳三焦经交接，足阳明胃经于足大趾与足太阴脾经交接，足太阳膀胱经于足小趾与足少阴肾经交接，足少阳胆经在足大趾爪甲后丛毛处与足厥阴肝经交接。

②同名的手、足阳经在头面部相接

如手阳明大肠经和足阳明胃经交接于鼻旁，手太阳小肠经和足太阳膀胱经交接于目内眦，手少阳三焦经和足少阳胆经交接于目外眦。由于手三阳经和足三阳经均交会于头部，因此称"头为诸阳之会"。

③手足阴经在胸部交接

如足太阴脾经与手少阴心经交接于心中，足少阴肾与手厥阴心包经交接于胸中，足厥阴肝经与手太阴肺经交接于肺中。

2. 分布规律

十二经脉在全身的分布，可分为内行路线和外行路线两个方面。

十二经脉在体内的分布，基本上纵行。但是，每一条经脉在体内的循行，都有或多或少的迂回曲折、交错出入之处。因此，在十二经脉之间，以及十二经脉与经别、奇经、络脉之间，其循行分布，多有交叉和交会关系。交叉一般在相交之后，走向对侧；交会大多在相交之后，走向仍与原来的方向一致。但也有少数特殊情况例外。这样更为加强了机体各部分的多种复杂的联系，构成了全身的统一性和整体性。

十二经脉在体表的分布，有一定的规律。

①四肢部

阴经分布在内侧面，阳经分布在外侧面。内侧分为三阴，外侧分为三阳。大体上：太阴、阳明在前缘，少阴、太阳在后缘，厥阴、少阳在中线。上肢内侧经脉分布：太阴在前，厥阴居中，少阴在后。上肢外侧经脉分布：阳明在前，少阳居中，太阳在后。下肢内侧经脉分布：内踝上八寸以下，厥阴在前，太阴居中，少阴在后；内踝上八寸以上，太阴在前，厥阴在中，少阴在后。下肢外侧经脉分布：阳明在前，少阳居中，太阳在后。

②头面部

阳明经行于面部、额部；太阳经行于面颊、头顶及头后部；少阳经行于头侧部。

③躯干部

手三阳经行于肩胛部，手三阴经均从腋下走出。足三阳经为阳明经行于前

（胸、腹面），太阳经行于后（背面），少阳经行于侧面，足三阴经均行腹面。

循行于腹面的经脉，自内向外的顺序为足少阴、足阳明、足太阴、足厥阴。

十二经脉循行于胸、背、头面、四肢，均是左右对称地分布于人体两侧，共计二十四条。其中，每一条阴经都同另一条互为表里的阳经在体内与脏腑相互属络，在四肢则行于内侧和外侧相对应的部位。

3. 表里关系

手足三阴经、三阳经，通过经别和别络互相沟通，组成六对"表里相合"关系。《素问·血气形志》说："足太阳与少阴为表里，少阳与厥阴为表里，阳明与太阴为表里，是为足阴阳也。手太阳与少阴为表里，少阳与心主为表里，阳明与太阴为表里，是为手之阴阳也。"[27]（图4-16）

表	手阳明经	手少阳经	手太阳经	足阳明经	足少阳经	足太阳经
里	手太阴经	手厥阴经	手少阴经	足太阴经	足厥阴经	足少阴经

图4-16 十二经脉表里关系

十二经脉在体表的联系，是相为表里的两条经脉，都在四肢末端相交接，都分别循行于四肢内外两个侧面相对应的位置（足厥阴肝经与足太阴脾经在下肢内踝上八寸处交叉后，变换前后位置：足太阴在前缘，足厥阴在中线），同时，还各有络脉互相联络；在体内，分别属络相为表里的脏腑，如足太阳膀胱经属膀胱络肾，足少阴肾经属肾络膀胱等。它们的经别除了共同通过所络属的脏腑外，六阴经脉的经别从体内走出体表之后又合入相为表里的六阳经脉的经别。这样，由于经络的分布形成了表里经脉的沟通关系。

十二经脉的表里关系，不仅由于相为表里的两条经脉的衔接而加强了联系，而且由于相互络属于同一脏腑，因而使相为表里的一脏一腑在生理功能上互相配合，在病理上也可相互影响。如脾主运化、升清，胃主受纳、降浊；心火可下移小肠等。在治疗上，相为表里的两条经脉的俞穴可交叉使用，如肺经的穴位可用以治疗大肠或大肠经的疾病。

4. 流注次序

气血系由中焦水谷精气所化生。十二经脉是气血运行的主要通道。十二经脉分布于人体各部，经脉中气血的运行是依次循环贯注的，即经脉在中焦受气后，上注于肺，自手太阴肺经开始，逐经依次相传至足厥阴肝经，再复注于手太阴肺经，首尾相贯，如环无端，构成十二经脉循环。（图4-17）

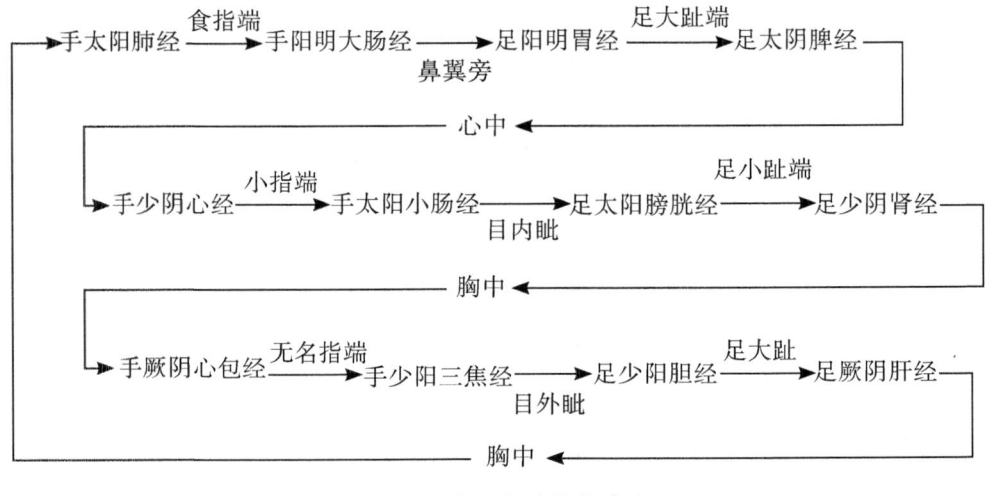

图4-17 十二经脉流注次序

气血在十二经脉流注过程中，脉气交接主要通过两种形式：一是在体内有脏与腑的"属""络"关系，使脉气相通；二是在体表，通过支脉或络脉而交接于下一条经脉。如手太阴肺经，在内属肺，络大肠；在外"其支者，从腕后直出次指内廉出其端"。

上述十二经脉的流注次序是其主要规律，并非气血循行的唯一方式。气血在体内还通过多条路径、多种循行方式运行往复。诸如营气行于脉中，按十二经脉走向，按时循经运行；卫气行于脉外，昼行于阳，夜行于阴，环周运行；经别着重于表里经内部的循行；络脉着重于体表的弥漫扩散；又有奇经以溢蓄调节式的经气运行等。它们之间既有体系的区别，又有着密切的联系，并共同组成了一个以十二经脉为主体的完整的气血循环流注系统。

第四节　奇经八脉

奇经八脉是督脉、任脉、冲脉、带脉、阴跷脉、阳跷脉、阴维脉、阳维脉的总称，是经络系统的重要组成部分。

奇者，异也。奇经八脉不同于十二经脉遍布全身，如上肢无奇经分布；八脉之中，除带脉横绕腰腹，冲脉一分支下行之外，其余诸脉均从下肢或少腹部上行，不似十二经脉有上下、内外、顺逆的阴阳表里规律；奇经八脉（除督脉外）不与脏腑直接属络，无表里相配关系，只有部分经脉与脏腑连属，如督脉入属脑、络肾、贯心；冲、任、督三脉均与胞宫相联系。上述诸种有别于十二经脉，故称为"奇经"。

奇经八脉纵横交叉于十二经脉之间，主要具有三个方面的作用：

①密切十二经脉的联系：奇经八脉在循行过程中，与其他各经交叉相接，加强了各条经脉之间的相互联系。如"阳维维于阳"，组合所有的阳经；"阴维维于阴"，组合所有的阴经；督脉"总督诸阳"；任脉为"诸阴之海"；冲脉通行上下，渗灌三阴、三阳；带脉"约束诸经"；阴跷脉与阳跷脉均起于足踝，对下肢内外侧的阴经与阳经有协调作用。

②调节十二经脉的气血：奇经八脉错综分布、循行于十二经脉之间，当十二经脉气血旺盛有余时，则流注于奇经八脉，涵蓄备用；当人体活动需要或十二经脉气血不足时，可由奇经溢出，渗灌于周身组织，予以补充。

③与某些脏腑密切相关：奇经与肝、肾等脏及女子胞、脑、髓等奇恒之府的关系较为密切。如女子胞、脑髓主要与奇经直接联系；冲、任、督三脉一源而三歧，带脉环腰一周，共同构成一个完整的系统，且与肝经相通，故与疝气及女子的经、带、胎、产等密切相关。可见它们相互之间在生理和病理方面均有一定的影响。

一、督脉

1. 循行部位

起于胞中，下出会阴，沿脊柱后面上行，至项后风府穴处进入颅内、络脑，并由项沿头部正中线，经头顶、额部、鼻部、上唇，到上唇系带（龈交）处。（图4-18）

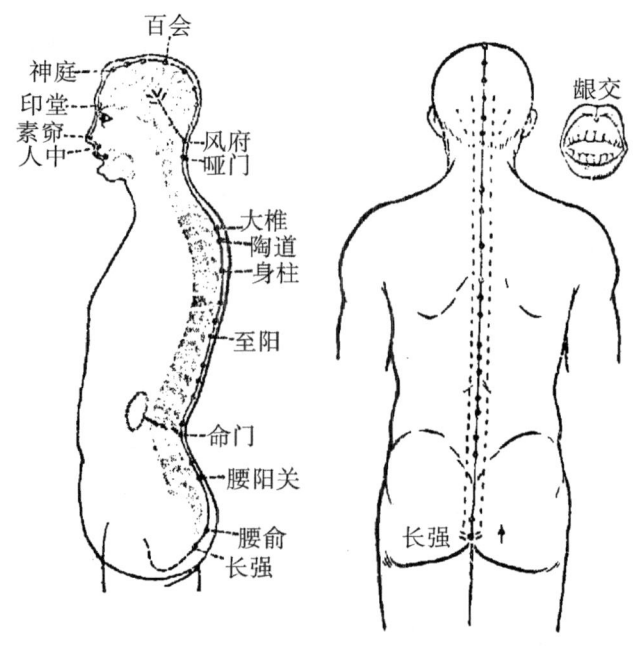

图4-18　督脉

分支：从脊柱后面分出，属肾。

2. 基本功能

督，有总管、统率的含义。

①调节阳经气血。督脉行于背部正中，多次与手足三阳经及阳维脉交会，是阳脉之督纲，对全身阳经起到调节作用，故又称为"阳脉之海"。

②反映脑、髓和肾的功能。督脉循行于脊柱后，上行入颅络脑，并从脊柱后分出属肾。肾生髓，脑为髓海。督脉与脑、髓和肾的功能活动密切相关。

二、任脉

1. 循行部位

起于胞中，下出会阴，经阴阜，沿腹部和胸部正中线上行，至咽喉，上行至下颌部，环绕口唇，沿面颊，分行至眼眶下。（图4-19）

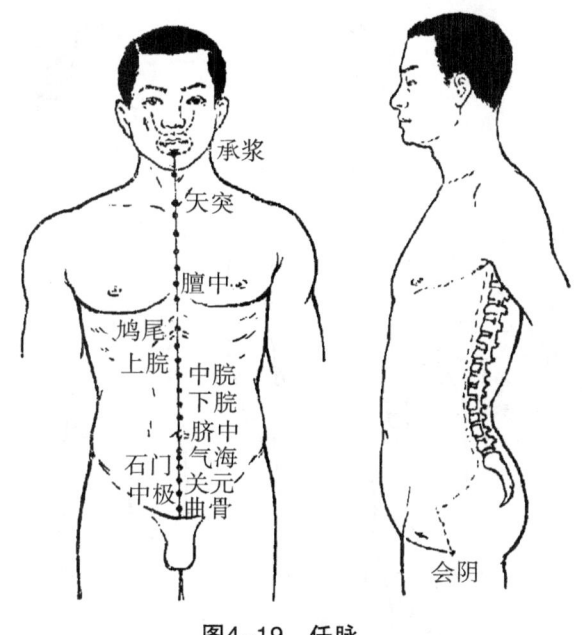

图4-19　任脉

分支：从胞中出，向后与冲脉偕行于脊柱前。

2. 基本功能

任，有担任，妊养的含义。
①调节阴经气血。任脉行于腹面正中线，多次与足三阴经及阴维脉交会，

总任阴脉之间的相互联系，调节阴经的气血，故又称为"阴脉之海"。

②"任主胞胎"。任脉起于胞中，任，含妊养之意。任脉能调节月经，促进女子生殖机能与女子妊娠有关，为生养之本，故"任主胞胎"。

三、冲脉

1. 循行部位

起于胞中，下出会阴后，从气街起与足少阴经相并，挟脐上行，散布于胸中，再向上行，经喉，环绕口唇，到眼眶下。（图4-20）

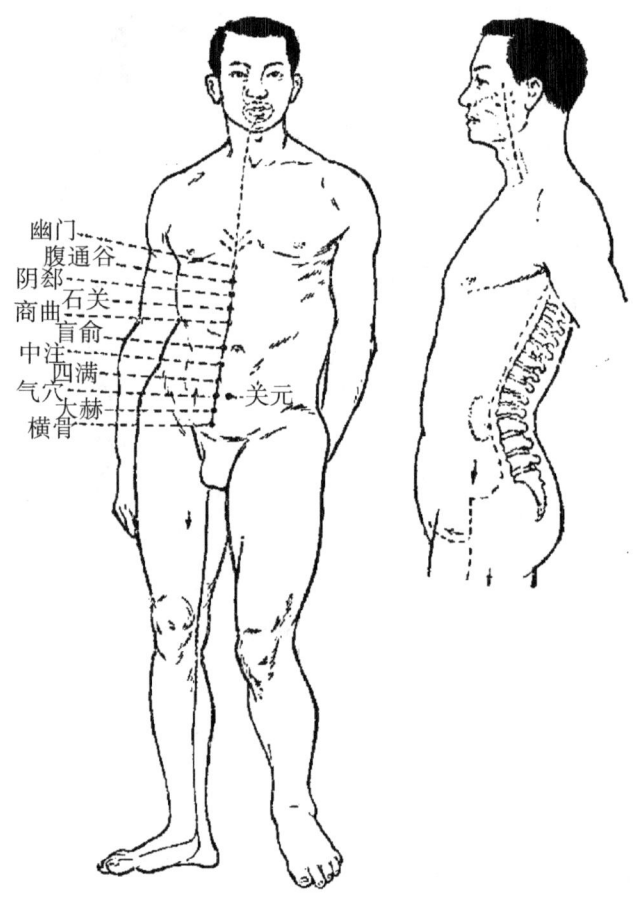

图4-20　冲脉

分支：从气街部分出，沿大腿内侧进入腘窝，再沿胫骨内缘，下行到足底；又有支脉从内踝后分出，向前斜入足背，进入大脚趾。

分支：从胞中出，上行于脊柱前，向后与督脉相通。

2. 基本功能

冲，有冲要的含义。

①调节十二经气血。冲脉上行于头，下至于足，贯串全身，通受十二经之气血，是总领诸经气血之要冲。当脏腑经络气血有余或不足之时，冲脉或予以溢蓄贮存或灌渗补充，以调节十二经之气血，故又称为"十二经脉之海"。

②"冲为血海"。冲脉起于胞中，又称"血海"，有促进生殖的功能，与妇女的月经有着密切的关系。

四、带脉

1. 循行部位

起于季胁，斜向下行到带脉穴，绕身一周。在腹面的带脉下垂到少腹（图4-21）。

2. 基本功能

带脉围腰一周，状如束带，以约束纵行诸脉，调节脉气，使纵行诸脉之脉气不下陷。又主司妇女带下。

五、阴阳跷脉

1. 循行部位

跷脉左右成对。阴跷脉、阳跷脉均起于足

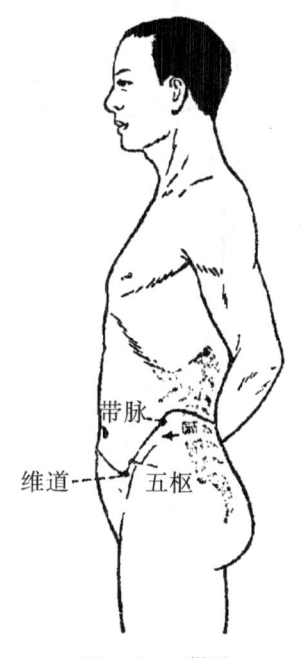

图4-21 带脉

踝下。

阴跷脉起于内踝下照海穴处,沿内踝后直上下肢内侧,经前阴,沿腹、胸过缺盆,出行于人迎穴之前,经鼻旁,到目内眦,与手足太阳经、阳跷脉会合。

阳跷脉起于外踝下申脉穴处,沿外踝后上行,经腹部,沿胸部后外侧,经肩部、颈外侧.上挟口角,到达目内眦,与手足太阳经、阴跷脉会合,再上行进入发际,到达耳后,与足少阳胆经会于项后的风池穴(图4-22、图4-23)。

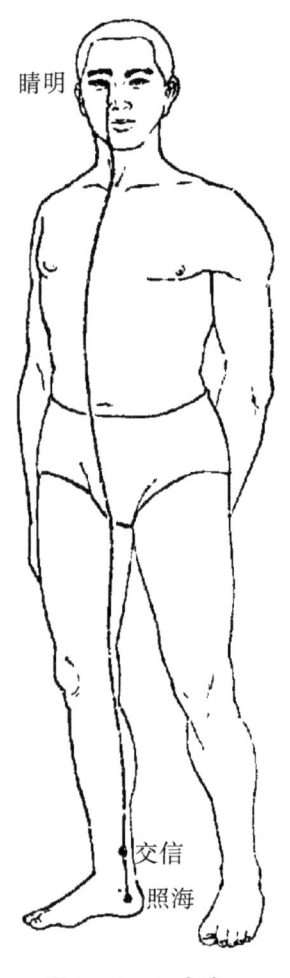

图4-22 阴跷脉

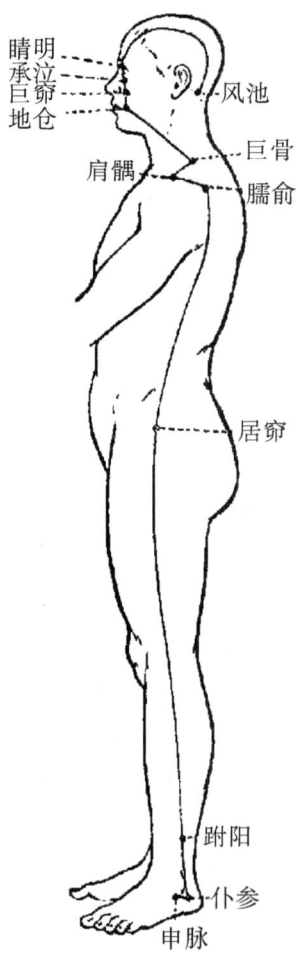

图4-23 阳跷脉

2. 基本功能

跷，有跷捷轻健的含义。

①主肢节运动

跷脉从下肢内外侧分别上行头面，具有交通一身阴阳之气和调节肌肉运动的功能，主要能使下肢运动灵活跷健。

②司眼睑开合

由于阴阳跷脉交会于内眦，故认为跷脉具有濡养眼目和司眼睑开合的作用。

六、阴阳维脉

1. 循行部位

阴维脉起于小腿内侧足三阴经交会之处，沿下肢内侧上行，至腹部，与足太阴脾经同行，到胁部，与足厥阴肝经相合，然后上行至咽喉，与任脉相会。

阳维脉起于外踝下，与足少阳胆经并行，沿下肢外侧向上，经躯干部后外侧，从腋后上肩，经颈部、耳后，前行到额部，分布于头侧及项后，与督脉会合（图4-24、图4-25）。

2. 基本功能

维，有维系、维络的含义。

《难经·二十八难》说："阳维、阴维者，维络于身，溢蓄不能环流，灌溉诸经者也。"[28]可见阳维、阴维脉具有维系、联络全身阳经或阴经的作用。在正常情况下，阴、阳维脉相互维系，对气血盛衰起着调节溢蓄作用，而不参与环流。

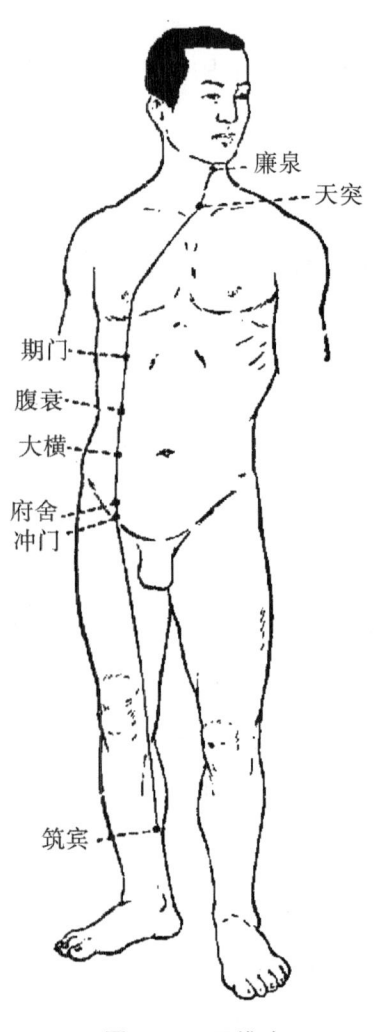

图4-24 阴维脉

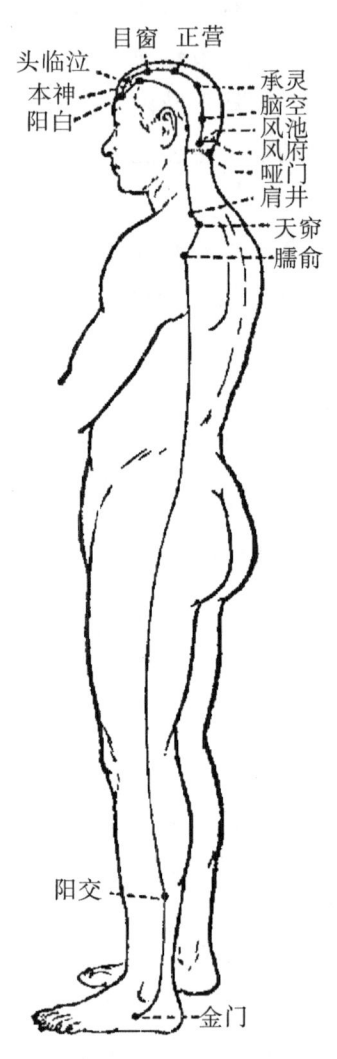

图4-25 阳维脉

第五章　杨瞻戒尺剑十六势

　　本章主要介绍杨瞻戒尺剑十六势，从戒尺剑歌诀四首、动作图解及要领两部分内容进行研究和论述。对照经络学说及分布，配合自然呼吸，体会和感悟"人剑合一"的妙境。当人的精神意识、思维活动与剑的技法完全相融合、相统一时，就会达到剑随心动、法由心生、招无定法、随心所欲的境界，我们把这种现象称为"人剑合一理论"。

第一节　戒尺剑歌诀四首

一、浩然东归

浩然东归不世事，一把戒尺手中持。
日课子孙得其乐，吟哦不辍心自知。
条山之下徜徉诗，大椿堂里度岁日。
卯酉戒尺当作剑，子午抽添阴阳时。

【注释】

1. 浩然东归不世事，一把戒尺手中持。

　　嘉靖二十八年（公元1549年），四川按察使司佥事分巡川北道阆中道台杨瞻，按照明朝制度例当调官，公毅然带着一生的浩然正气谢政归里，回到祖籍山西蒲州，从此不问朝廷事务。杨瞻回到祖籍大椿堂书院，继续做起私塾先生，手里始终持着一把戒尺，用以震慑顽皮的孩童。

2. 日课子孙得其乐，吟哦不辍心自知

杨瞻每天以教授河中饧杨氏子孙和蒲州少年四书五经、兵法阵法习手足，视为最快乐的事情。教孩子们朗读有节律的诗文歌赋，并用心感悟其中的道理。

3. 条山之下徜徉诗，大椿堂里度岁日

杨瞻安闲自在地步行在中条山下，时而吟哦颂诗大声朗读，时而赋诗佳作抒发情怀。退休后的杨瞻晚年都是在大椿堂书院，以教育河中饧杨氏子孙后代为己任，享受儿孙绕膝的晚年生活。

4. 卯酉戒尺当作剑，子午抽添阴阳时

杨瞻把戒尺当作剑称为戒尺剑，有16种剑的技法，每天卯酉二时起舞。孙子杨俊卿撰《介石楼稿·大椿堂拳谱秘要》记载："祖瞻，中举士子，候官十载，于大椿堂，日课诵读，舞戒尺为剑……"杨瞻提倡"养生之道"，每日子午二时静坐调息添补阴阳二气，依据"天人合一论"创编"四季养生功法"。

5.《浩然东归》诗一首选入《杨维博士诗集》，2019年5月15日，杨维作于上饶师范学院集贤楼540办公室。

二、戒尺剑十六法 1

戒尺为剑袖中藏，开步托剑手上扬。
腰马合一屈臂抱，按压丹田腹中央。
起身剑指贯阴阳，形神兼备内里强。
欲知此剑何法妙，动静虚实一弛张。

【注释】

1. 戒尺为剑袖中藏，开步托剑手上扬

把戒尺当作剑藏在衣袖中，开步拖剑将手向上扬起，深深地吸了一口气。

2. 腰马合一屈臂抱，按压丹田腹中央

慢慢地夹马步下蹲，马步和腰力合二为一，两臂弯曲抱于胸前再向下按压，将这口气压到丹田内部。

3. 起身剑指贯阴阳，形神兼备内里强

站起身以二指为剑气贯两指，形神聚拢使体内真气强盛。

4. 欲知此剑何法妙，动静虚实一弛张。

想要知道戒尺剑有什么奇妙法门，就是在动静、虚实、弛张中体悟。

5. 《戒尺剑十六法 1》诗一首选入《杨维博士诗集》，2019年5月15日，杨维作于上饶师范学院集贤楼540办公室。

三、戒尺剑十六法 2

仙人指路提右足，古树盘根扫眉骨。
坐山观虎怀里带，太公钓鱼撩裆腹。
凤凰点头三两处，力劈华山入头颅。
狸猫扑鼠横向抹，玉女穿针骑龙步。

【注释】

1. 仙人指路提右足，古树盘根扫眉骨

仙人指路，右脚提起右手持剑前刺喉咙的技法；古树盘根，右手持剑转身横扫脖颈的技法。

2. 坐山观虎怀里带，太公钓鱼撩裆腹

坐山观虎，两手持剑向怀中捋带的技法；太公钓鱼，提步右手持剑向前向上撩起的技法。

3.凤凰点头三两处,力劈华山入头颅

凤凰点头,右手持剑向下点击的技法;力劈华山,两手持剑向下劈击的技法。

4.狸猫扑鼠横向抹,玉女穿针骑龙步

狸猫扑鼠,两手持剑向右横抹的技法;玉女穿针,两手持剑向前直刺的技法。

5.《戒尺剑十六法 2》诗一首选入《杨维博士诗集》,2019年5月16日,杨维作于上饶师范学院集贤楼540办公室。

四、戒尺剑十六法 3

悬崖勒马扫拉剑,泰山落顶盖压按。
叶里含花两侧分,霸王举鼎手上翻。
哪吒探海下截砍,蝴蝶飞舞左右转。
孤雁出群斜飞势,童子送客平刺穿。

【注释】

1.悬崖勒马扫拉剑,泰山落顶盖压按

悬崖勒马,右手持剑转身横扫向后会拉的技法;泰山落顶,右手持剑向下按压的技法。

2.叶里含花两侧分,霸王举鼎手上翻

叶里含花,右手持剑与左手剑指向两侧分开的技法;霸王举鼎,右手持剑向上横举的技法。

3.哪吒探海下截砍,蝴蝶飞舞左右转

哪吒探海,右手持剑向下向外截砍的技法;蝴蝶飞舞,右手持剑在头顶划弧的技法。

4.孤雁出群斜飞势,童子送客平刺穿

孤雁出群,右手持剑从外向里横扫的技法;童子送客,右手持剑横向

平刺的技法。

5.《戒尺剑十六法 3》诗一首选入《杨维博士诗集》，2019年5月16日，杨维作于上饶师范学院集贤楼540办公室。

第二节　戒尺剑动作图解及要领

起势、仙人指路（前刺剑）、古树盘根（扫眉剑）、坐山观虎（捋带剑）、太公钓鱼（上撩剑）、凤凰点头（下点剑）、力劈华山（双劈剑）、狸猫扑鼠（横抹剑）、玉女穿针（双刺剑）、悬崖勒马（扫拉剑）、泰山落顶（盖压剑）、叶里含花（平削剑）、霸王举鼎（举架剑）、哪吒探海（下截剑）、蝴蝶飞舞（翻云剑）、孤雁出群（斩头剑）、童子送客（平刺剑）、收势。

一、起势

（一）并步站立

1. 动作要领

两脚并拢成"并步"；左手抱剑自然下垂于身体左侧，手心向前，右手自然下垂于身体右侧，头正项直，目视前方。（图5-1）

2. 要点说明

左手抱剑，右手剑指，食指和中指并拢伸直按于剑柄上，大拇指、无名指、小拇指弯屈扣住剑柄。

图5-1

3. 易犯错误

双脚尖不并拢，膝关节弯曲，低头躬身，耸肩内扣，精神涣散，目不直视，左手抱剑手心向后。

（二）开步托剑

1. 动作要领

上动不停。左脚向左横向移步与肩同宽成"开步"；随即右手变剑指微上提，向外旋腕指尖向下，指心向前；然后左手抱剑与右手剑指向上托起，与肩同高、同宽，目视右剑指。（图5-2～图5-11）

图5-2

图5-3

图5-4

图5-5

图5-6　　　　　　　图5-7　　　　　　　图5-8

图5-9　　　　　　　图5-10　　　　　　图5-11

2. 要点说明

左脚开步，脚尖先着地，然后依次向下落踏实，右手剑指外旋眼随手走，上托剑时两肘关节微屈。

3. 易犯错误

开步两脚距离大于或小于肩宽，脚尖外展或内扣，右手变剑指外旋腕时左手跟随同步，双肩耸立。

（三）屈臂抱剑

1. 动作要领

上动不停。步型不变，两肘关节向内屈臂，左手抱剑与右手剑指同时向胸前回收成"抱剑"，略高于肩，目视双手。（图5-12～图5-14）

图5-12

图5-13

图5-14

2. 要点说明

两手型不变，回收时要同步进行，两肘关节自然下垂。

3. 易犯错误

两肘关节外展，两腿弯曲。

（四）夹马步压剑

1. 动作要领

上动不停。步型不变，左手抱剑下落至腹前，剑尖向左，剑首向右，抱剑手心向上，右手剑指向内翻压至于胸前，指尖向左，指心向下；随即两腿膝关节微屈，身体重心下移成"夹马步"；然后右手剑指向下压指，置于左手剑柄上方，目视右手剑指。（图5-15～图5-20）

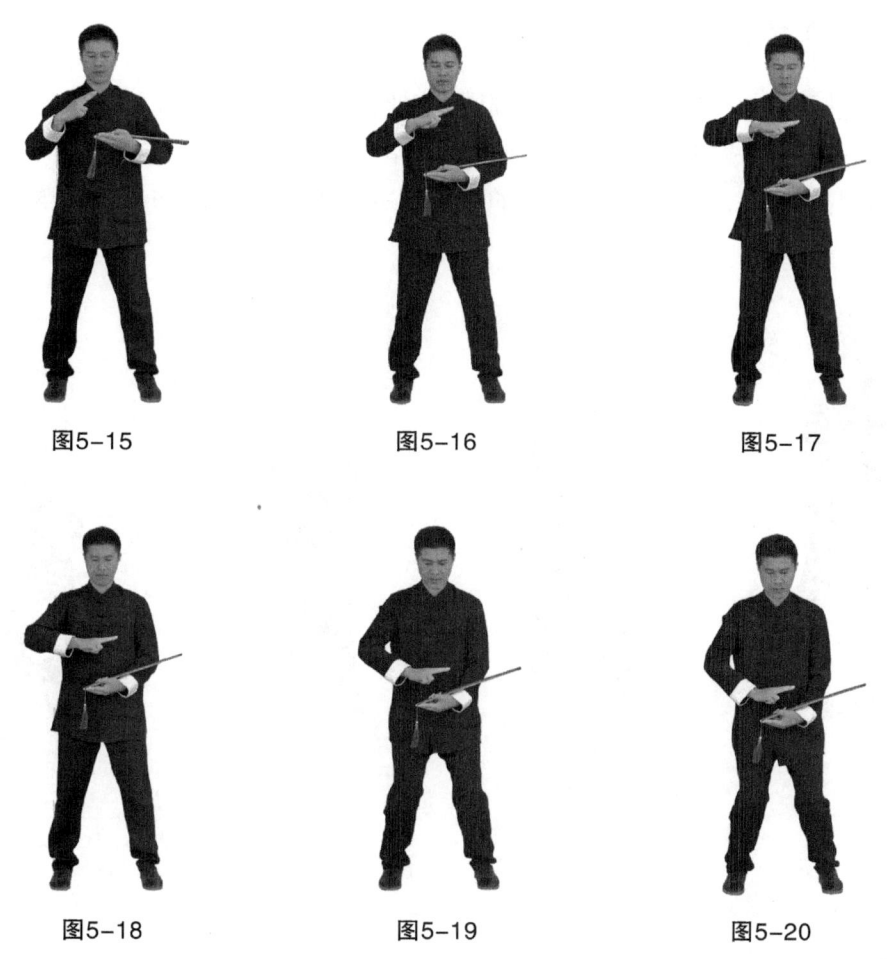

图5-15　　　　　　　图5-16　　　　　　　图5-17

图5-18　　　　　　　图5-19　　　　　　　图5-20

2. 要点说明

左手抱剑和右手剑指要与"夹马步"同步进行，"夹马步"时要三圆三扣。

3. 易犯错误

左手抱剑于腹前剑不平，夹马步两膝关节与两脚尖外展。

（五）起身剑指

1. 动作要领

上动不停。身体重心上移，两膝关节伸直成"开步"；随即左手抱剑置于腹前不变，右手剑指上提至胸前成"立剑指"；然后右手剑指由胸前向正前方穿出，与肩同高，指尖向前，指心向左，目视右手剑指。（图5-21~图5-24）

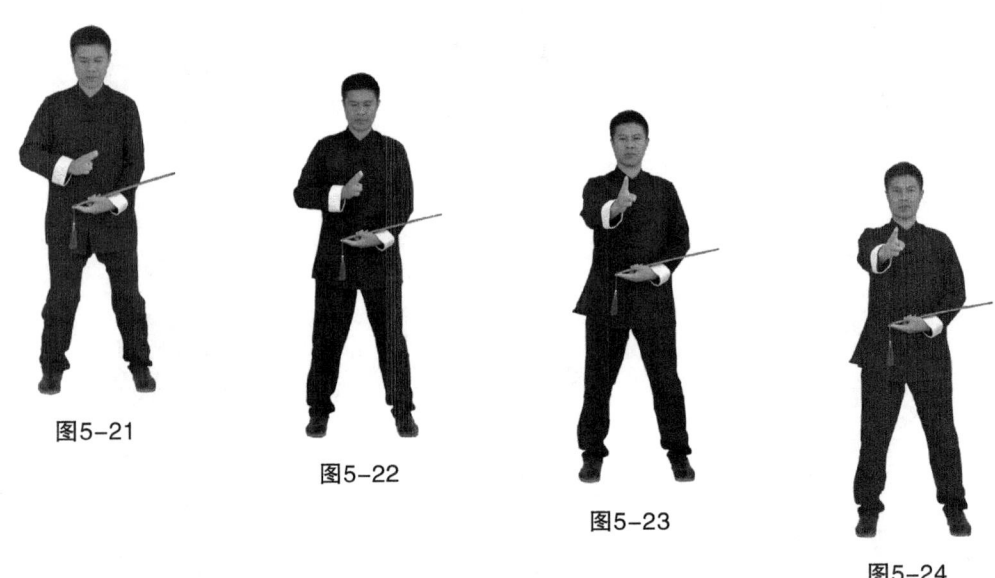

图5-21

图5-22

图5-23

图5-24

2. 要点说明

两膝关节伸直与右手剑指前穿要同步进行，开步两脚尖不能外展，右手剑指高度要与肩同高，力达指尖。

3. 易犯错误

右手剑指高度高于或低于肩，开步两脚尖外展，左手抱剑至于胸前。

二、仙人指路（前刺剑）

1. 动作要领

接上势。左脚内扣，右脚略提膝向前点地成"右虚步"，身体右转，左手抱剑收于右腰侧，右手剑指内扣，置于左手上方，手心向下；随即，右手从左手中接剑收于右腰间，左手变剑指内旋手心向下；然后，左腿膝关节伸直，身体重心上移，右脚勾脚尖屈膝上提高于髋部成"提步"，右手持剑由右腰间向前"刺剑"，左手剑指由右侧向左侧打开与肩齐高，指心向外，目视剑尖。（图5-25~图5-39）

图5-25　　　　　图5-26　　　　　图5-27

图5-28　　　　　图5-29　　　　　图5-30

图5-31　　　　　　图5-32　　　　　　图5-33

图5-34　　　　　　图5-35　　　　　　图5-36

图5-37　　　　　　图5-38　　　　　　图5-39

2. 要点说明

左脚内扣与身体右转要同时进行，接剑要准确，提步时左腿膝关节要伸直，右腿提膝要高于髋部，要勾脚尖，脚心要正向地面，右手持剑前刺要与肩同高，力达剑尖。

3. 易犯错误

右脚绷脚尖，提膝高度低于髋部，右手刺剑和左手剑指高于或低于左肩。

三、古树盘根（扫眉剑）

1. 动作要领

接上势。左腿屈膝稍下蹲，身体重心下移，右脚内扣向前落步，两腿屈膝下蹲成"马步"；随即身体左转再由半马步转为左弓步，右手持外旋由右向左"扫剑"，与肩齐高，剑尖向前，食指侧剑刃朝左，左手剑指变横剑指由右向左横扫，置于右小臂内侧成"立剑指"，目视剑尖。（图5-40~图5-48）

图5-40

图5-41

图5-42

图5-43　　　　　　　图5-44　　　　　　　图5-45

图5-46　　　　　　　图5-47　　　　　　　图5-48

2. 要点说明

马步转弓步要与身体左转同时进行，右、左脚尖依次旋转，左手横剑指与扫剑要同步进行，扫剑时以食指侧剑刃向左扫出，力达食指侧剑刃前端。

3. 易犯错误

身体不左转，右、左脚不内扣外展，左手剑指与右手扫剑不同步，弓步时右腿膝关节弯曲。

四、坐山观虎（捋带剑）

1. 动作要领

接上势。右腿屈膝下蹲，身体重心后移成"左半马步"，右手持剑向内旋腕使大拇指侧剑刃向左，手心朝下；随即回带至腹前，食指侧剑刃向右，剑尖向前，左手剑指置于右手腕上方，目视剑尖。（图5-49～图5-57）

图5-49　　　　　　图5-50　　　　　　图5-51

图5-52　　　　　　图5-53　　　　　　图5-54

图5-55

图5-56

图5-57

2. 要点说明

右手回带剑要直线回收,力达剑脊,与右腿屈膝重心后移变左半马步要同步进行,半马步重心在右腿,左脚尖向前。

3. 易犯错误

身体重心在左腿,左脚尖内扣,右手持剑手心向上。

五、太公钓鱼(上撩剑)

1. 动作要领

接上势。重心移至左脚,右脚提步回收至左脚内侧成"提步",随即,右手持剑向内旋腕,以食指侧剑刃向上架于头顶上方,剑尖朝前,左手置于右胸前成"立剑指";然后,右脚向前上步落地屈膝,左腿膝关节绷直,成"右弓步",左手剑指由右胸前、向下、向头顶上方架指,指尖向右,指心朝上,右手持剑以食指侧剑刃向前,由头顶上方向后、向下、向前、向上撩剑,目视剑尖。(图5-58~图5-73)

第五章　杨瞻戒尺剑十六势

图5-58　　　　　　图5-59　　　　　　图5-60

图5-61　　　图5-62　　　图5-63　　　图5-64

图5-65　　　　　　图5-66　　　　　　图5-67

115

图5-68　　　　　图5-69　　　　　图5-70

图5-71　　　　　图5-72　　　　　图5-73

2. 要点说明

提步时稍停顿再向前上步，撩剑时以食指侧剑刃朝前，以腕发力持剑前撩，力达剑尖。

3. 易犯错误

提步直接转弓步，撩剑食指侧剑刃不朝前，左手剑指与右手持剑不同步进行。

六、凤凰点头（下点剑）

1. 动作要领

接上势。身体重心前移，左脚向前回收至右脚内侧，脚尖点地成"丁步"，右手持剑压腕回收至右腰间，左手剑指置于右手腕关节内侧；随即，右手持剑由腰间向上、向前、向下点剑，食指侧剑刃向下，剑尖朝下，左手剑指上架于头顶上方，指尖向右，掌心向前，目视剑尖。（图5-74～图5-86）

图5-74　　　　　图5-75　　　　　图5-76

图5-77　　　图5-78　　　图5-79　　　图5-80

图5-81　　　　　　图5-82　　　　　　图5-83

图5-84　　　　　　图5-85　　　　　　图5-86

2. 要点说明

点剑时右手向上提腕发力，力达剑尖。

3. 易犯错误

左手剑指与右手点剑不同步进行，丁步全脚掌着地。

七、力劈华山（双劈剑）

1. 动作要领

接上势。身体重心前移至右腿，左脚提步收于右脚内侧成"提步"；随即左手剑指变掌握于右手上，双手持剑向头顶上方举起，剑尖向上，食指侧剑刃向前；然后，左脚向前上步落地，右腿膝关节绷直成"左弓步"，两手持剑由头顶上方向前劈剑，力达剑尖，目视剑尖。（图5-87～图5-101）

图5-87　　　　图5-88　　　　图5-89　　　　图5-90

图5-91　　　　图5-92　　　　图5-93　　　　图5-94

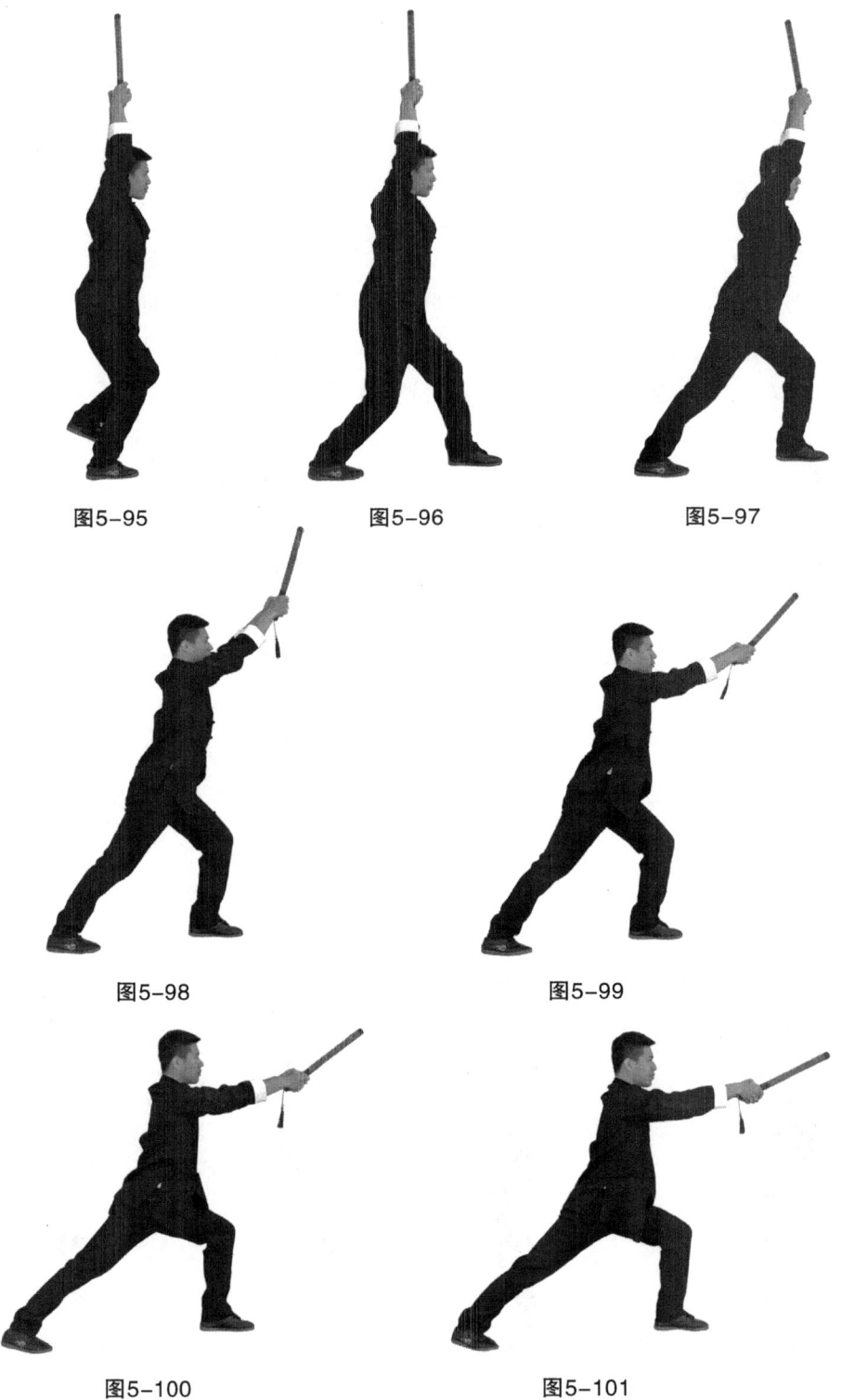

图5-95　　　　　图5-96　　　　　图5-97

图5-98　　　　　　　　　图5-99

图5-100　　　　　　　　图5-101

2. 要点说明

提步时左脚勾脚尖，脚掌要朝下，双手持剑上举两肘关节伸直，力达剑尖，两手持剑以食指侧剑刃向斜前上方劈剑，力达剑尖。

3. 易犯错误

提步绷脚尖，左手不握右手，上举剑两臂弯曲，劈剑高度低于肩高，力不达剑尖。

八、狸猫扑鼠（横抹剑）

1. 动作要领

接上势。身体重心移至左腿，右脚提步回收至左脚内侧成"提步"；随即，双手持剑回收至胸前，食指侧剑刃向下，剑尖朝前；然后，右脚向前落步成"右骑龙步"，双手持剑内旋，以食指侧剑刃向前、向右"抹剑"，回收至右胸前，剑尖向前，食指侧剑刃朝右，目视剑尖。（图5-102～图5-113）

2. 要点说明

提步勾脚尖，脚心朝下，双手持剑回收时两肘关节要夹肘，向右抹剑时"右骑龙步"要配合抹剑拧腰转胯，力达食指侧剑刃。

图5-102　　　　　图5-103　　　　　图5-104

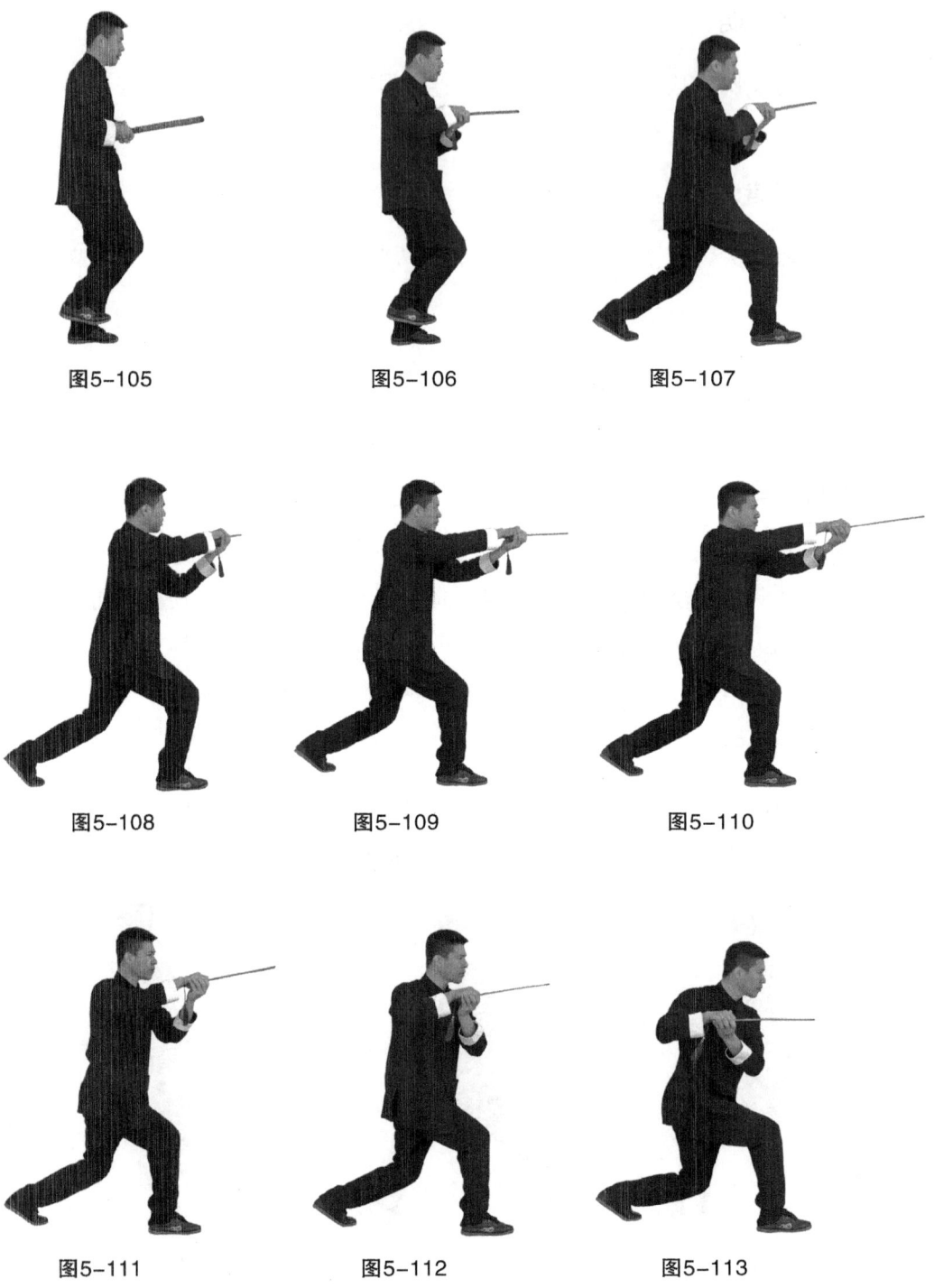

图5-105　　　　　　图5-106　　　　　　图5-107

图5-108　　　　　　图5-109　　　　　　图5-110

图5-111　　　　　　图5-112　　　　　　图5-113

3. 易犯错误

双手持剑回收时两肘关节外展，提步勾脚尖，右骑龙步左脚后跟着地，右抹剑单手持剑。

九、玉女穿针（双刺剑）

1. 动作要领

接上势。身体重心前移至右腿，左脚提步回收至右脚内侧成"提步"，双手持剑外旋收至腹前，食指侧剑刃朝下，剑尖向前；随即，左脚向前上步，屈膝下蹲成"左骑龙步"，双手持剑由腹前向前刺剑，目视剑尖。（图5-114～图5-122）

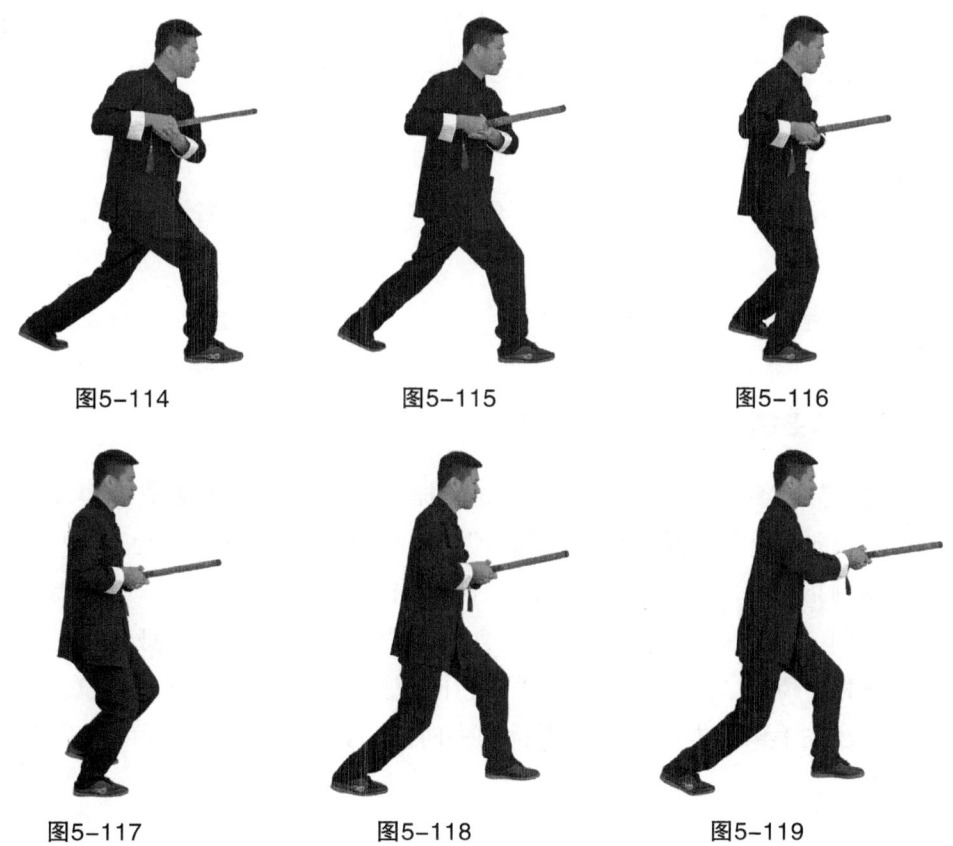

图5-114　　　　　图5-115　　　　　图5-116

图5-117　　　　　图5-118　　　　　图5-119

图5-120　　　　　图5-121　　　　　图5-122

2. 要点说明

提步勾脚尖，脚心朝下，"左骑龙步"时右前脚掌着地，脚后跟不能着地，双手持剑前刺时剑身要平，力达剑尖。

3. 易犯错误

提步绷脚尖，刺剑时双手持剑不平，"左骑龙步"时右脚后跟着地。

十、悬崖勒马（扫拉剑）

1. 动作要领

接上势。身体重心后移，左脚屈膝提步回收至右腿内侧成"提步"；随即，左脚向后落步屈膝下蹲成"马步"，身体左转再由马步转为"左弓步"，左手变剑指，由右向左横指，置于右手关节内侧成"立指"，右手持剑由右向左扫剑，与肩齐高，剑尖向前，食指侧剑刃朝左；然后，身体重心后移，右腿屈膝下蹲成"半马步"，左手立指向前推出，右手持剑内旋使食指侧剑刃朝下，经左手剑指内侧向后拉剑，剑尖向前，目视左手剑指。（图5-123～图5-138）

第五章 杨瞻戒尺剑十六势

图5-123　　　图5-124　　　图5-125　　　图5-126

图5-127　　　图5-128　　　图5-129

图5-130　　　图5-131　　　图5-132

图5-133　　　　　　图5-134　　　　　　图5-135

图5-136　　　　　　图5-137　　　　　　图5-138

2. 要点说明

马步转弓步要流畅，左手横剑指与扫剑要同步进行，扫剑时力达食指侧剑刃前端，半马步左手剑指前推与右手持剑后拉要同步。

3. 易犯错误

扫剑时左右手不同步，推拉剑不同步。

十一、泰山落顶（盖压剑）

1. 动作要领

接上势。身体重心后移至右腿，左脚略屈膝回收，外展向前落步成"左盖步"，右手持剑内旋上举于头顶上方，左手剑指收至右肘关节内侧；随即右手持剑由头顶上方向前、向下"盖剑"，左手剑指外旋置于右手肘关节内侧，指尖向前，手心朝上；然后，身体重心上移至左腿，右腿提步收至左腿内侧成"提步"，右脚外展向前落步成"右盖步"，右手持剑向内旋腕，向左、向下、向后、向上再向前、向下"盖剑"，剑尖向前，大拇指侧剑刃向左，手心朝下，左手收至右手腕关节内侧，指尖向右，指心朝下，目视剑尖。（图5-139 ~ 图5-161）

2. 要点说明

左右脚外展下落盖步与左右盖剑同步进行，力达剑脊。

3. 易犯错误

盖步脚尖向前，右手盖剑食指侧剑刃向下。

图5-139　　　　　图5-140　　　　　图5-141

象形太极古传戒尺剑

图5-142　　　图5-143　　　图5-144　　　图5-145

图5-146　　　图5-147　　　图5-148

图5-149　　　图5-150　　　图5-151

第五章　杨瞻戒尺剑十六势

图5-152　　　图5-153　　　图5-154　　　图5-155

图5-156　　　图5-157　　　图5-158

图5-159　　　图5-160　　　图5-161

十二、叶里含花（平削剑）

1. 动作要领

接上势。身体重心前移至右腿，左腿屈膝提步回收至右脚内侧成"提步"，右手持剑回收至左腰间，剑尖向左，食指侧剑刃向前，左手剑指置于右手腕关节上方，手心朝下；随即，左脚向前落步成"半马步"，右手持剑向前向右平削剑，剑尖斜向左前，左手剑指由右手腕关节上方向左拨按指，指尖斜向右前，手心朝下，目视剑身。（图5-162～图5-172）

图5-162　　　　　图5-163　　　　　图5-164

图5-165　　　　　图5-166　　　　　图5-167

图5-168

图5-169

图5-170　　　　　　图5-171　　　　　　图5-172

2. 要点说明

平削剑要以食指侧剑刃向外削剑，与左手剑指同步进行，力达剑身前端。

3. 易犯错误

削剑与左手不同步，削剑不平。

十三、霸王举鼎（举架剑）

1. 动作要领

接上势。身体重心前移至左腿，右腿屈膝提步回收至左脚内侧成"提步"，右手持剑向外旋腕上架于头顶上方，剑尖向右，食指侧剑刃朝上，左手剑指置于右手小臂内侧，指尖向右，指心朝前，目视剑身。（图5-173～图5-179）

图5-173　　　　　图5-174　　　　　图5-175

图5-176　　　图5-177　　　图5-178　　　图5-179

2. 要点说明

提步时身体重心要稳,架剑时剑身要平。

3. 易犯错误

提步时左脚绷脚尖,架剑时剑尖朝左。

十四、哪吒探海(下截剑)

1. 动作要领

接上势。右脚向前落步,屈膝下蹲成"右半马步",右手持剑内旋腕,由头顶上方以食指侧剑刃向左、向前、向下"截剑",左手剑指置于右手肘关节内侧,指心向下,目视剑尖。(图5-180~图5-188)

2. 要点说明

半马步时右脚尖向前,下截剑要拧腰、转髋,力达食指侧剑刃。

3. 易犯错误

右脚尖内扣,左手剑指置于右手腕关节内侧,食指侧剑刃向下。

图5-180

图5-181

图5-182

图5-183　　　　　　图5-184　　　　　　图5-185

图5-186　　　　　　图5-187　　　　　　图5-188

十五、蝴蝶飞舞（翻云剑）

1. 动作要领

接上势。身体重心前移至右脚，左脚屈膝提步前收至右脚内侧成"提步"，左手剑指不变，右手持剑于头顶上方顺时针平"云剑"，目视剑身。（图5-189～图5-197）

第五章 杨瞻戒尺剑十六势

图5-189　　　　　　图5-190　　　　　　图5-191

图5-192　　　　　　图5-193　　　　　　图5-194

图5-195　　　　　　图5-196　　　　　　图5-197

2. 要点说明

"云剑"时持剑右手要翘腕,要以食指侧剑刃向外,剑身要平,力达剑身。

3. 易犯错误

提步右脚尖绷直,"云剑"时逆时针旋转,剑身不平。

十六、孤雁出群(斩头剑)

1. 动作要领

接上势。身体重心下移,左脚向前上步落地成"左半马步",右手持剑由上向斜前上方"击剑",剑尖向斜上方,左手剑指变掌扣于右手腕关节处,目视剑尖。(图5-198~图5-203)

2. 要点说明

击剑时要以食指侧剑刃向左运动,力达剑尖,左手剑指变掌与右手截剑同步进行。

图5-198

图5-199

图5-200

图5-201　　　　　　图5-202　　　　　　图5-203

3. 易犯错误

左半马步脚尖内扣，击剑时右手腕不发力。

十七、童子送客（平刺剑）

1. 动作要领

接上势。右脚尖内扣，身体左转重心后移至右腿，左脚提步回收至右脚内侧成"左提步"；随即左手剑指回收至左侧腰间，指尖向前，指心朝下，右手持剑向内旋腕回收至右侧腰间，剑尖向前，手心朝下；然后，左脚向左前上步落地成"半马步"，再由"半马步"变"左弓步"，左手剑指由腰间向身体左侧穿指与肩同高，指尖向左，指心朝下，右手持剑由右侧腰间以剑尖向前"平刺剑"，食指侧剑刃向右，手心朝下，目视剑尖。（图5-204～图5-215）

2. 要点说明

左手剑指与右手持剑同时回收，右手持剑回收时要向内旋腕，力达剑脊，左弓步，右腿膝关节要绷直，右手持剑前刺要平，力达剑尖。

图5-204　　　　　　图5-205　　　　　　图5-206

图5-207　　　　　　图5-208　　　　　　图5-209

图5-210　　　　　　图5-211　　　　　　图5-212

图5-213　　　　　　　图5-214　　　　　　　图5-215

3. 易犯错误

提步左脚绷脚尖，右手平刺剑高于或低于肩高，右腿膝关节弯屈。

十八、收势

（一）左弓步接剑

1. 动作要领

接上势。身体向左微转，步型不变，右手持剑腕关节内旋回收至左手剑指内侧，使剑尖向上成立剑，手心向内；随即右手持剑交予左手，左手接剑成"抱剑"，右手变剑指置于左手内侧，目视左手。（图5-216～图5-220）

2. 要点说明

右手持剑交于左手接剑要稳准，剑要成立剑，剑尖向上。

3. 易犯错误

左手接不住剑，抱剑不成立剑。

图5-216　　　　　　图5-217

图5-218　　　图5-219　　　图5-220

（二）开步托剑

1. 动作要领

上动不停。右手剑指由左、向下、向右下落至右大腿前，指尖向下，手心朝前，左手持剑回收至左大腿前，剑首向下，手心向外；随即左脚向右脚回收半步与肩同宽成"开步"；随即左手抱剑与右手剑指向上"托剑"，与肩同高、同宽，目视右剑指。（图5-221～图5-227）

图5-221　　　　　　图5-222　　　　　　图5-223

图5-224　　　图5-225　　　图5-226　　　图5-227

2. 要点说明

左脚回收，脚尖先着地然后依次向下落踏实，上托剑时两肘关节弯屈。

3. 易犯错误

开步两脚距离大于或小于肩宽，脚尖外展或内扣，双肩耸立。

（三）屈臂抱剑

1. 动作要领

上动不停。步型不变，两肘关节向内屈臂，左手抱剑，右手剑指同时向胸前回收成"抱剑"，略高于肩，目视两手。（图5-228～图5-229）

图5-228

图5-229

2. 要点说明

两手型不变，回收时要同步进行，两肘关节自然下垂。

3. 易犯错误

两肘关节外展，两腿弯曲。

（四）开步压剑

1. 动作要领

上动不停。步型不变，左手抱剑下落至腹前，剑尖向左，剑首向右，抱剑时手心向上，右手剑指向内翻压置于胸前，指尖向左，指心向下；随即右手剑指向下压指置于左手剑柄上方，目视右剑指。（图5-230～图5-232）

图5-230

图5-231

图5-232

2. 要点说明

左手抱剑和右手剑指下压要同步进行。

3. 易犯错误

左手抱剑于腹前剑身不平，开步两膝关节弯曲，两脚尖外展。

（五）并步站立

1. 动作要领

上动不停。右脚向左脚回收并拢成"并步"；左手抱剑自然下垂于身体左侧，手心向前，右手自然下垂于身体右侧，头正项直，目视前方。（图5-233～图5-236）

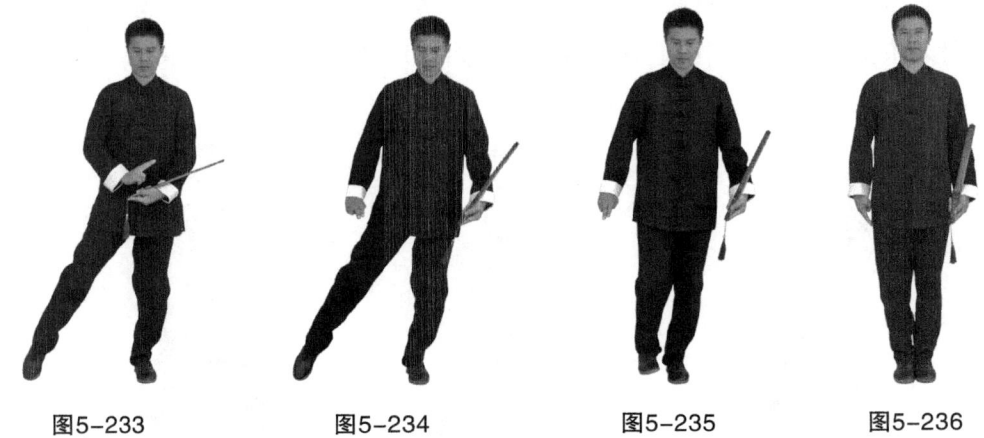

| 图5-233 | 图5-234 | 图5-235 | 图5-236 |

2. 要点说明

左手抱剑，食指和中指并拢伸直按于剑柄上，大拇指、无名指、小拇指弯曲扣住剑柄，右手剑指变掌自然下垂于身体右侧。

3. 易犯错误

双脚尖不并拢，膝关节弯曲，低头躬身，耸肩内扣，精神涣散，目不直视，左手抱剑手心向后。

第六章　杨景戒尺剑四十八势动作名称及动作图解

第一节　动作名称

本章主要对起势、龙形剑三势、蛇形剑三势、燕形剑三势、猴形剑三势、虎形剑三势、豹形剑三势、马形剑三势、鸡形剑三势、鹤形剑三势、熊形剑三势、狮形剑三势、鹰形剑三势、鹞形剑三势、收势十五部分内容进行研究和论述。对照经络学说及分布、配合自然呼吸，体会和感悟"人剑合一"的妙境。

第二节　动作图解

一、起势

（一）并步站立

1. 动作要领

两脚并拢成"并步"；左手抱剑自然下垂于身体左侧，手心向前，右手自然下垂于身体右侧，头正项直，目视前方。（图6-1）

图6-1

2. 要点说明

左手抱剑，右手剑指，左手食指和中指并拢伸直按于剑柄上，大拇指、无名指、小拇指弯曲扣住剑柄。

3. 易犯错误

双脚尖不并拢，膝关节弯曲，低头躬身，耸肩内扣，精神涣散，目不直视，左手抱剑手心向后。

（二）开步托剑

1. 动作要领

上动不停。左脚向左横向移步与肩同宽成"开步"；随即右手变剑指微上提，向外旋腕指尖向下，指心向前；然后左手抱剑与右手剑指向上托起，与肩同高、同宽，目视右剑指。（图6-2～图6-8）

2. 要点说明

左脚开步，脚尖先着地，然后依次向下落踏实，右手剑指外旋眼随手走，上托剑时两肘关节弯曲。

图6-2

图6-3

图6-4

图6-5

图6-6　　　　　　图6-7　　　　　　图6-8

3. 易犯错误

开步两脚距离大于或小于肩宽，脚尖外展或内扣，右手变剑指外旋腕时左手跟随同步，双肩耸立。

（三）屈臂抱剑

1. 动作要领

上动不停。步型不变，两肘关节向内屈臂，左手抱剑与右手剑指同时向胸前回收成"抱剑"，略高于肩，目视两手。（图6-9~图6-10）

图6-9　　　　　　　　图6-10

2. 要点说明

两手型不变，回收时要同步进行，两肘关节自然下垂。

3. 易犯错误

两肘关节外展，两腿弯曲。

（四）夹马步压剑

1. 动作要领

上动不停。步型不变，左手抱剑下落至腹前，剑尖向左，剑首向右，抱剑手心向上，右手剑指向内翻压置于胸前，指尖向左，指心向下；随即两腿膝关节屈膝，身体重心下移成"夹马步"；然后右手剑指向下压指置于左手剑柄上方，目视右手剑指。（图6-11～图6-13）

2. 要点说明

左手抱剑和右手剑指要与夹马步同步进行，夹马步时要三圆三扣。

图6-11

图6-12

图6-13

3. 易犯错误

左手抱剑于腹前剑不平，夹马步两膝关节与两脚尖外展。

（五）起身剑指

1. 动作要领

上动不停。身体重心上移，两膝关节伸直成"开步"；随即左手抱剑置于腹前不变，右手剑指上提至胸前成"立剑指"；然后右剑指由胸前向正前方穿出，与肩同高，指尖向前，指心向左，目视右剑指。（图6-14~图6-16）

图6-14

图6-15

图6-16

2. 要点说明

两膝关节伸直与右剑指前穿要同步进行，开步两脚尖不能外展，右手剑指高度要与肩同高，力达指尖。

3. 易犯错误

右剑指高度高于或低于肩，开步两脚尖外展，左手抱剑置于胸前。

二、龙形剑三势

（一）左抱球（搅水）

1. 动作要领

接上势。步型不变，左手抱剑不变，右手剑指回收至胸前指尖向左，指心向下成"俯剑指"；随即左手抱剑由腹前向左、向上、向内旋转置于胸前，指尖向右，指心朝下；然后右手剑指由胸前向上、向右、向下旋转至腹前，指尖向左，指心朝下，两手成"左抱球"，目视左手。（图6-17～图6-19）

图6-17

图6-18

图6-19

2. 要点说明

左手抱剑与右手剑指旋转要同步进行。

3. 易犯错误

两手旋转不同步，两腿弯曲。

（二）转身虚步上举剑（转身）

1. 动作要领

上动不停。两腿膝关节屈膝，重心下移，左脚内扣45°~90°成"丁八步"，两手不变；随即身体右转，重心移至左腿，右脚尖向右前方点地成"虚步"；然后左手持剑向头顶上方举剑，指尖向上，指心向外，右手剑指收至腹前，指尖向左，指心向上，目视前方。（图6-20~图6-22）

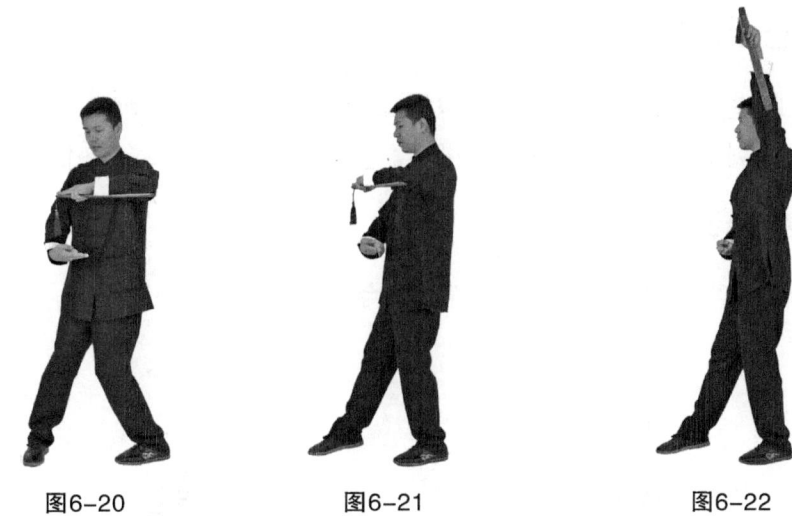

图6-20　　　　　　图6-21　　　　　　图6-22

2. 要点说明

"丁八步"左脚内扣要达到45°~90°，转身要与右脚前点成虚步要同步进行，上举剑时左手臂要整体向内旋臂，肘关节要伸直手心要向外。

3. 易犯错误

虚步右脚后跟点地，上举剑手臂弯曲。

（三）提步剑指（探爪）

1. 动作要领

上动不停。左腿膝关节伸直，身体重心上移，左手不变，右手剑指内旋回收至右腰间，指尖向前，指心向下；随即身体重心移至左脚，右脚勾脚尖屈膝上提高于髋部成"提步"，两手不变；然后左手持剑屈肘向下、向后回收至左肩侧与肩同高，手心向外，右手剑指由右腰间向前穿出，指尖向前，指心向内，目视右剑指。（图6-23~图6-26）

2. 要点说明

提步时左腿膝关节要伸直，右腿提膝要高于髋部，要勾脚尖，脚心要正向地面，右手剑指尖向前，右肘关节微屈。左手持剑时手心要向外不能高于肩。

3. 易犯错误

右脚绷脚尖，提膝高度低于髋部，左手持剑高于或低于左肩。

图6-23

图6-24

图6-25　　　　　　　　图6-26

三、蛇形剑三势

（一）丁八步接剑（蛇隐）

1. 动作要领

接上势。右脚向前落步，两手不变，身体左转，右脚内扣45°~90°成"丁八步"；随即左手持剑下落至胸前，指尖向右，手心朝下，右手剑指回收至腹前，指尖向左，指心朝上；然后右手接剑，剑尖向左，手心朝上，左手变剑指，指尖向右，指心朝下，目视左剑指。（图6-27~图6-30）

图6-27　　　　　　　　图6-28

图6-29　　　　　　　　　图6-30

2. 要点说明

右脚要先落地，然后内扣，身体左转要与右脚内扣同步进行，右手接剑要快速准确。

3. 易犯错误

右脚落地直接转身，接剑不准。

（二）左弓步右刺剑（吐信）

1. 动作要领

上动不停。左脚向左前方上步，身体重心下移成"半马步"，左手剑指向前推出，指尖向右，指心斜朝前，右手持剑回收至右腰间，剑尖向前，手心朝上；随即重心前移，右腿膝关节伸直成"左弓步"，两手不变；然后左手剑指回收至右手肘关节内侧，指尖向上成"立剑指"，右手持剑向前方"平刺剑"，剑尖向前，大拇指侧剑刃向右，手心向上，目视剑尖。（图6-31～图6-35）

第六章　杨景戒尺剑四十八势动作名称及动作图解

图6-31　　　　　图6-32　　　　　图6-33

图6-34　　　　　　　图6-35

2. 要点说明

半马步时左脚尖向前，转换左弓步时左膝关节不能超过脚尖，右腿膝关节伸直绷紧，右手持剑手腕要有力，前平刺剑要平，力达剑尖。

3. 易犯错误

半马步转弓步重心不稳，左弓步右腿膝关节弯曲，右手持剑不平。

155

（三）左半马步带剑（蛇盘）

1. 动作要领

上动不停。步型不变，左手剑指不变，右手持剑向内旋腕使大拇指侧剑刃向左，手心朝下；随即右腿屈膝下蹲，身体重心后移成"左半马步"，右手持剑回带至腹前，食指侧剑刃向右，剑尖向前，左手剑指置于右手腕上方，目视剑尖。（图6-36～图6-39）

图6-36　　　　　　　　　图6-37

图6-38　　　　　　　　　图6-39

2. 要点说明

右手回带剑要直线回收,力达剑脊,与右腿屈膝重心后移变左半马步要同步进行,半马步重心在右腿,左脚尖向前。

3. 易犯错误

身体重心在左腿,左脚尖内扣。

四、燕形剑三势

(一)右半马步架剑(落檐)

1. 动作要领

接上势。左脚内扣,身体重心由右腿移至左腿成"右半马步",随即身体右转,右手持剑由腹前向前、向右、向头顶上方架剑,左手置于右手腕关节内侧,目视剑身。(图6-40~图6-43)

图6-40

图6-41

图6-42

图6-43

2. 要点说明

架剑时食指侧剑刃向上，剑成横剑，剑尖朝左侧，力达剑身，右手持剑上架要与转换半马步同步进行。

3. 易犯错误

右手持剑不平，剑尖朝上或朝下，架剑与半马步不同步进行。

（二）转身右弓步撩剑（掠水）

1. 动作要领

上动不停。左脚尖外展，重心移至左脚，身体向左转，右脚提步回收至左脚内侧成"提步"，随即，左手剑指由上、向下回收至右胸前，指尖向右，指心朝下，右手持剑以食指侧剑刃朝下收至右体侧，剑尖朝后；然后右脚向前上步落地屈膝，左腿膝关节绷直成"右弓步"，左手剑指由右胸前向下、向头顶上方架指，指尖向右，指心朝上，右手持剑以食指侧剑刃向前，由身体右后方向下、向前、向上撩剑，目视剑尖。（图6-44～图6-49）

图6-44　　　　　　　图6-45　　　　　　　图6-46

图6-47　　　　　　　图6-48　　　　　　　图6-49

2. 要点说明

身体左转提步时稍停顿再向前上步，撩剑时以食指侧剑刃朝前，以腕发力持剑前撩，力达剑尖。

3. 易犯错误

提步直接转弓步，撩剑食指侧剑刃不朝前，左手剑指与右手持剑不同步进行。

（三）右半马步下截剑（衔泥）

1. 动作要领

上动不停。左腿膝关节弯曲，身体重心后移成"右半马步"，左手剑指下落置于右手心内侧，右手持剑回收，食指侧剑刃向内，剑尖朝上；随即右手持剑以食指侧剑刃向上、向后再向下截剑，左手剑指置于右手肘关节内侧，指尖向上，指心朝前，目视剑尖。（图6-50～图6-54）

图6-50　　　　　　图6-51　　　　　　图6-52

图6-53　　　　　　图6-53附图　　　　图6-54

2. 要点说明

下截剑时左手剑指跟随右手同步运动，右手持剑向右前下方截剑，食指侧剑刃要向右，力达食指侧剑刃。

3. 易犯错误

下截剑回收不画圆，食指侧剑刃方向不对，左手剑指不与右手截剑同步。

五、猴形剑三势

（一）丁步崩挑剑（搬枝）

1. 动作要领

接上势。右脚回收脚尖点地至左脚内侧，身体重心后移至左腿成"丁步"；随即右手持剑沉腕回收剑尖向上、向内"崩挑剑"，左手剑指回收至右手肘关节内侧，目视剑尖。（图6-55～图6-57）

2. 要点说明

右丁步要以脚尖点地，前脚掌与脚后跟不能着地，回收崩挑剑要沉腕发力以大拇指侧剑刃向内，力达剑尖。

图6-55

图6-56

图6-57

3. 易犯错误

丁步脚掌着地，挑剑时不沉腕。

（二）右弓步点剑（摘果）

1. 动作要领

上动不停。右脚向前上步，身体重心下蹲成"半马步"，两手不变；随即左腿膝关节绷直成"右弓步"，右手持剑由下、向上、向前、向下点剑，食指侧剑刃向下，剑尖朝下，左手剑指上架于头顶上方，指尖向右，指心向前，目视剑尖。（图6-58～图6-62）

图6-58　　　　　　　　图6-59

图6-60　　　图6-61　　　图6-62

2. 要点说明

点剑时右手向上提腕发力,力达剑尖。

3. 易犯错误

左手剑指与右手点剑不同步进行,弓步左脚膝关节弯曲。

(三)右半马步捧剑(献果)

1. 动作要领

上动不停。右腿膝关节屈膝,重心后移成"右半马步",右手持剑回收,剑尖置于左手剑指上成"捧剑",随即两手捧剑向左、向右、向前捧剑,目视剑身。(图6-63～图6-68)

2. 要点说明

双手捧剑时回收画弧经腹前向前捧出,以食指侧剑刃朝前,两手捧剑要平,力达剑身。

图6-63

图6-64

图6-65

图6-66　　　　　　　　图6-67　　　　　　　　图6-68

3. 易犯错误

捧剑时剑身不平，回收经腹前不划弧。

六、虎形剑三势

（一）提步上举剑（虎抱头）

1. 动作要领

接上势。身体重心前移至右腿，左脚提步收于右脚内侧成"提步"；随即左手剑指变掌握于右手上，双手持剑向头顶上方举剑，剑尖向上，食指侧剑刃向前，目视前方。（图6-69～图6-73）

2. 要点说明

提步时左脚勾脚尖，脚掌要朝下，双手持剑上举两肘关节伸直，力达剑尖。

3. 易犯错误

提步绷脚尖，左手不握右手，上举剑两臂弯屈。

图6-69　　　　　图6-70

图6-71　　　图6-72　　　图6-73

（二）左弓步双手劈剑（虎扑）

1. 动作要领

上动不停。左脚向前上步落地，身体重心下蹲成"半马步"，两手持剑不变；随即右腿膝关节绷直成"左弓步"，身体重心前移，两手持剑由头顶上方向前劈剑，力达剑尖，目视剑尖。（图6-74～图6-77）

图6-74　　　　　　　　图6-75

图6-76　　　　　　　　图6-77

2. 要点说明

半马步转左弓步要协调，两手持剑以食指侧剑刃向斜前上方劈剑，力达剑尖。

3. 易犯错误

劈剑高度低于肩高，力不达剑尖。

（三）左骑龙步双手刺剑（虎撞）

1. 动作要领

上动不停。右脚向左脚回收半步，脚尖点地，身体重心下蹲成"左骑龙步"，随即双手持剑由前向后回收至腹前，再由腹前向前刺剑，目视剑尖。（图6-78～图6-82）

2. 要点说明

左骑龙步时右前脚掌着地，脚后跟不能着地，双手持剑前刺时要以食指侧向下，力达剑尖。

图6-78　　　　　　　图6-79

图6-80　　　　图6-81　　　　图6-82

3. 易犯错误

刺剑时双手持剑不平，骑龙步时右脚后跟着地。

七、豹形剑三势

（一）提步收剑（入林）

1. 动作要领

接上势。身体重心移至左腿，右脚提步回收至左脚内侧成"提步"；随即双手持剑回收至胸前，食指侧剑刃向下，剑尖朝前，目视剑尖。（图6-83）

图6-83

2. 要点说明

提步勾脚尖，脚心朝下，双手持剑回收，两肘关节要夹肘。

3. 易犯错误

双手持剑回收两肘关节外展，提步勾脚尖。

（二）右骑龙步左右抹剑（穿梭）

1. 动作要领

上动不停。右脚向前落步成"右骑龙步"，双手持剑不变，两手持剑以食指侧剑刃，向前向左"抹剑"，回收至左胸前；随即身体微右转，双手持剑向内旋腕，回收至右胸前，剑尖向前，食指侧剑刃朝右；然后双手持剑以食指侧剑刃由右胸前向前、向右抹剑，回收至右胸前，剑尖向前，食指侧剑刃朝右，目视剑尖。（图6-84～图6-92）

第六章 杨景戒尺剑四十八势动作名称及动作图解

图6-84　　　　　　图6-85　　　　　　图6-86

图6-87　　　　　　图6-88　　　　　　图6-89

图6-90　　　　　　图6-91　　　　　　图6-92

2. 要点说明

向左右抹剑时右骑龙步要配合抹剑拧腰转胯，双手持剑向内旋腕剑身保持平衡不变，力达食指侧剑刃。

3. 易犯错误

右骑龙步左脚后跟着地，左右抹剑单手持剑。

（三）右半马步双手斩剑（捕食）

1. 动作要领

上动不停。身体重心上移，左脚支撑，右脚微上提膝，双手持剑向头顶上方举起，食指侧剑刃朝上，剑尖向前；随即右脚向前落地成"右半马步"，双手持剑由头顶上方向下斩剑，剑尖向前，食指侧剑刃朝下，目视剑尖。（图6-93～图6-96）

2. 要点说明

右半马步右脚尖向前，双手斩剑要注意保持剑身成水平状，以食指侧剑刃由上向下斩剑。

图6-93

图6-94

图6-95

图6-96

3. 易犯错误

斩剑时剑身不平，单手持剑，半马步右脚尖内扣。

八、马形剑三势

（一）插步右撩腿撩剑（回马脚）

1. 动作要领

接上势。身体重心上移、左转，左脚向右后方插步前脚掌着地成"插步"，双手持剑向外旋腕向上架剑，剑尖向右，食指侧剑刃向上；随即身体继续左转，重心移至左脚，右脚绷脚尖向身体后上方撩腿，脚心向上，左手剑指向头顶上方架指，指尖向右，指心朝上，右手持剑由头顶上方向前、向下、向后撩剑，剑尖向后，食指侧剑刃朝上；然后右脚向后方落地，前脚掌着地成"骑龙步"，两手不变，目视剑尖。（图6-97～图6-104）

2. 要点说明

撩腿时要保持脚尖绷紧，脚心向上，右手反握剑后撩，力达食指侧剑刃。

171

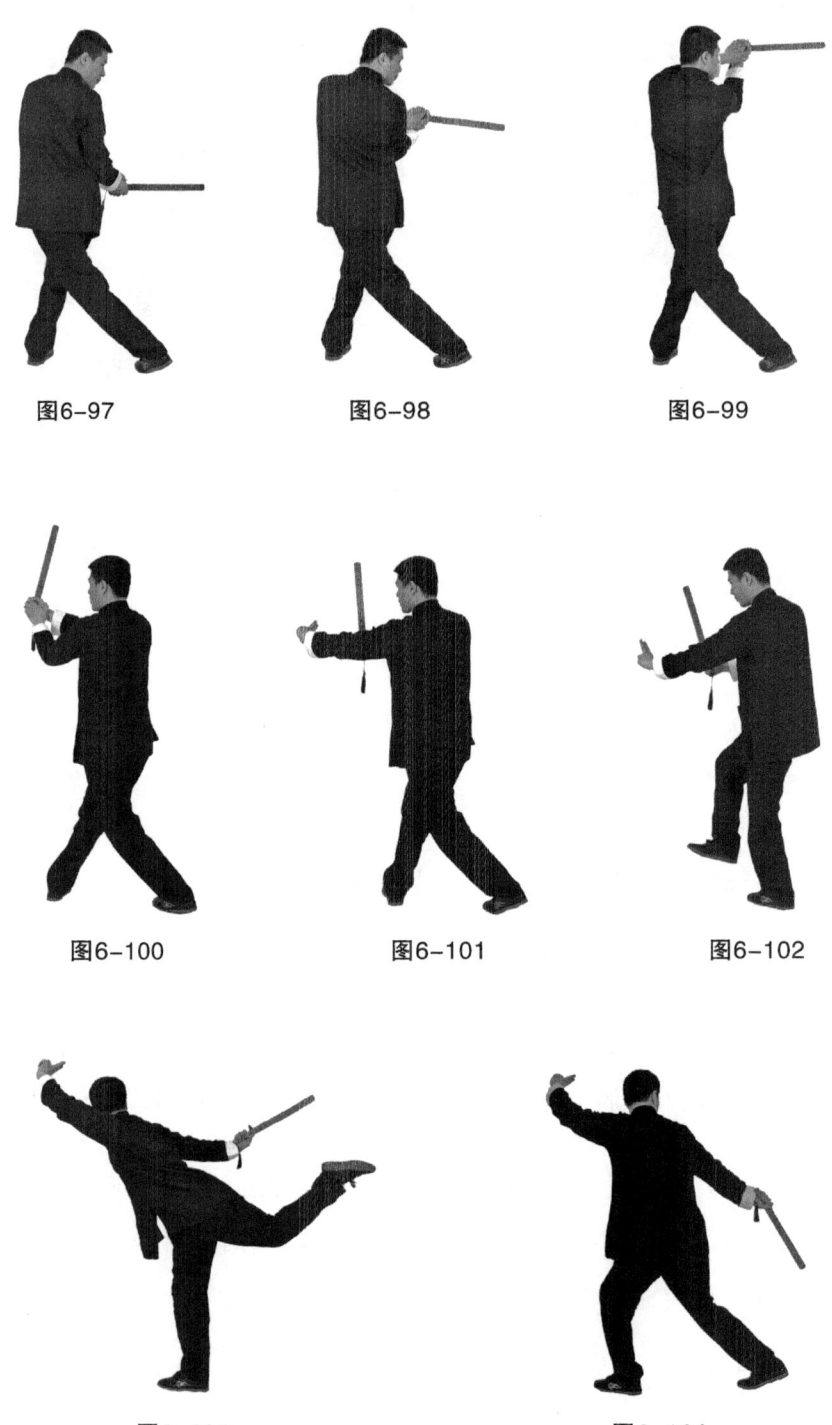

图6-97　　　　　　图6-98　　　　　　图6-99

图6-100　　　　　图6-101　　　　　图6-102

图6-103　　　　　　　图6-104

3. 易犯错误

撩腿与撩剑方向不同，勾脚尖，骑龙步右脚后跟着地。

（二）左扣膝步上穿剑（竖蹄）

1. 动作要领

上动不停。身体右转，重心移至右腿，左腿提膝脚面扣于右膝关节后侧成"左扣膝步"，左剑指由头顶上方向斜前方盖指，指尖向右，指心朝下，右手持剑回收置右腰间，剑尖斜向前方，大拇指侧剑刃朝右；随即左手剑指回收至右手肘关节内侧，指尖斜向右上方，指心朝斜下方，右手持剑由右腰间向右斜上方穿剑，目视剑尖。（图6-105～图6-111）

2. 要点说明

左脚扣膝要与盖指收剑同步进行，穿剑与左剑指回收要同步，穿剑右手持剑，剑尖向右斜上方，大拇指侧剑刃朝右，力达剑尖。

图6-105

图6-106

图6-107

图6-108

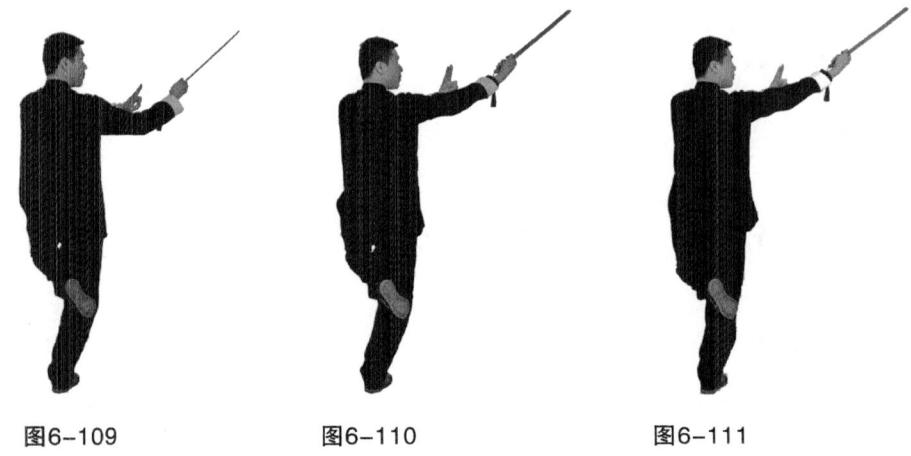

图6-109　　　　　图6-110　　　　　图6-111

3. 易犯错误

左脚未扣于右膝关节后侧，右腿膝关节绷直，穿剑角度成平行状，左剑指置于右胸前。

（三）左弓步扫剑+半马步拉剑（勒马）

1. 动作要领

上动不停。身体重心下移，左脚向左落步屈膝下蹲成"半马步"，身体左转再由"半马步"转为"左弓步"，左手剑指由右手肘关节内侧向左横指置于右手关节内侧成"立指"，右手持剑由右向左扫剑，与肩齐高，剑尖向前，食指侧剑刃朝左；随即身体重心后移，右腿屈膝下蹲成"半马步"，左手立指向前推出，右手持剑内旋使食指侧剑刃朝下，经左剑指外侧向后拉剑，剑尖向前，目视左剑指。（图6-112～图6-122、图6-122附图）

2. 要点说明

马步转弓步要流畅，左手横剑指与扫剑要同步进行，扫剑时力达食指侧剑刃前端，半马步左手剑指前推与右手持剑后拉要同步。

第六章　杨景戒尺剑四十八势动作名称及动作图解

图6-112　　　　　　　图6-113　　　　　　　图6-114

图6-114附图　　　　　　　　　图6-115

图6-116　　　　　　　图6-117　　　　　　　图6-118

图6-119　　　　　　图6-120　　　　　　图6-121

图6-122　　　　　　图6-122附图

3. 易犯错误

扫剑时左右手不同步，推拉剑不同步。

九、鸡形剑三势

（一）左提步收剑（入巢）

1. 动作要领

接上势，身体重心前移至左腿，右腿提步向前收，置于左脚内侧成"右提步"，随即右脚下落，左脚提步至右脚内侧成"左提步"，左手剑指由前回收

至左腰侧，指尖向前，指心朝右，右手持剑回收至右腰侧，剑尖向前，食指侧剑刃朝下，目视剑尖。（图6-123～图6-127）

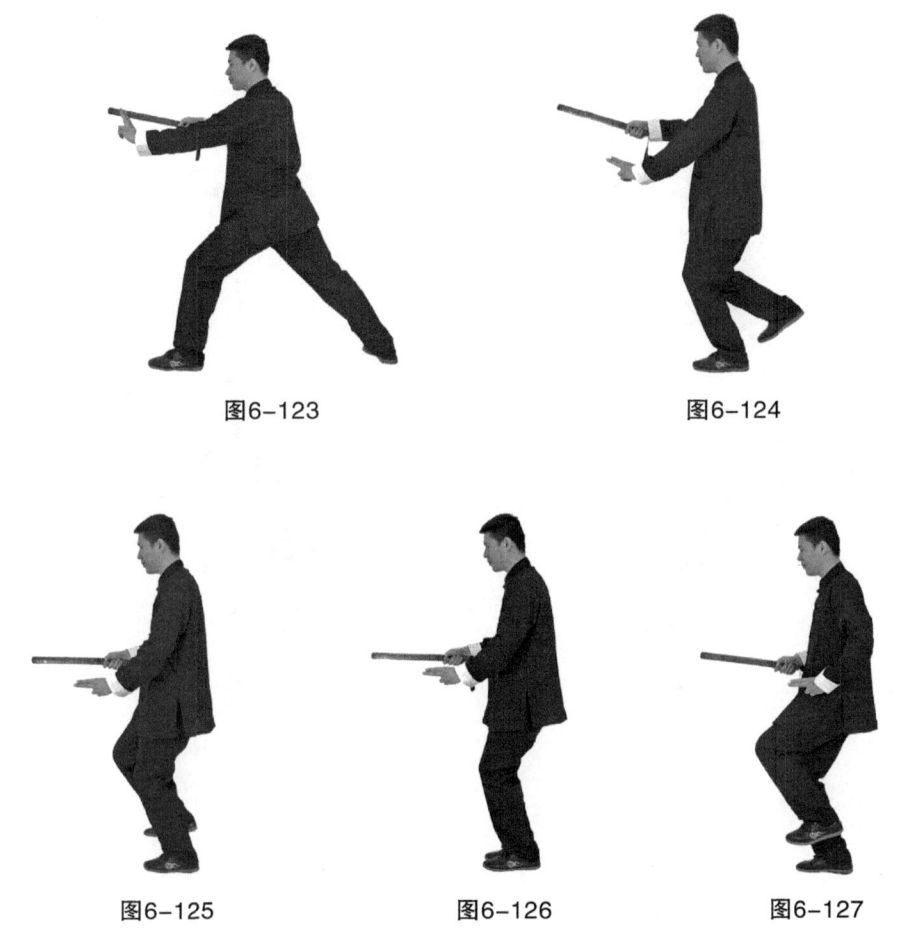

图6-123　　　　　　　　　图6-124

图6-125　　　　图6-126　　　　图6-127

2. 要点说明

提步时要勾脚尖，脚心朝下，右左提步换腿要协调，右手收剑时微向内旋腕。两手回收要同步。

3. 易犯错误

提步绷脚尖，收剑时剑成平剑，剑尖过高或过低。

（二）左蹬腿刺剑（独立）

1. 动作要领

上动不停。左脚屈膝上提向前蹬出，脚尖向上，脚心朝前，右手持剑由腰间向前刺剑，剑尖向前，食指侧剑刃朝下，左手剑指置于右手小臂内侧成立指，目视剑尖。（图6-128～图6-131）

图6-128

图6-129

图6-130

图6-131

2. 要点说明

右手前刺要与左蹬腿同步进行，左腿膝关节微屈不要伸直。

3. 易犯错误

左脚蹬腿膝关节伸直，绷脚尖，刺剑不平。

（三）左盖步盖剑（啄米）

1. 动作要领

上动不停。右腿屈膝重心下沉，左脚外展向前落地，脚尖向左，脚内侧向前成"左盖步"，两手不变；随即右手持剑向内旋腕，向下盖剑，剑尖向前，大拇指侧剑刃向左，左手剑指向下收至右手肘关节内侧，指尖向前，指心向上，目视剑尖。（图6-132～图6-135）

图6-132

图6-133

图6-134　　　　　　　　　　图6-135

2. 要点说明

左脚下落盖步与右手盖剑同步进行，力达剑脊。

3. 易犯错误

盖步左脚尖向前，右手盖剑食指侧剑刃向下。

十、鹤形剑三势

（一）左弓步架剑（震翅）

1. 动作要领

接上势。右手持剑向外旋腕收至右胸前，剑尖向前，食指侧剑刃向上，左手剑指收至右手心上方，指尖向斜前方，指心向下；随即身体重心后移至右腿，左脚提步回收至右脚内侧成"提步"，左脚向左前方上步落地屈膝下蹲，右腿膝关节绷直成"左弓步",然后右手持剑由胸前向头顶上方架剑,剑尖向右,食指侧剑刃向上,左手剑指置于右手腕关节内侧,目视剑身。(图6-136~图6-143)

2. 要点说明

左脚回收提步上步成左弓步,重心要稳,上架剑食指侧剑刃向上,力达剑身。

图6-136

图6-137

图6-138

图6-139

图6-140

图6-141

图6-142

图6-143

3. 易犯错误

架剑剑身不平，剑尖向左，左手剑指置于右手肘关节内侧，弓步右腿膝关节绷直。

（二）右盖步斜劈剑（探路）

1. 动作要领

上动不停。身体重心前移至左腿，右脚向前提步回收至左脚内侧成"提步"，右脚外转向前落步成"右盖步"，随即右手持剑内旋由上向斜下方劈剑，剑尖向前，左手置于右手腕关节上方，目视剑尖。（图6-144～图6-150）

2. 要点说明

斜劈剑要以食指侧剑刃朝下劈剑，盖步右脚脚尖要外展向右，脚内侧向前。

第六章 杨景戒尺剑四十八势动作名称及动作图解

图6-144

图6-145

图6-146

图6-147

图6-148

图6-149

图6-150

3. 易犯错误

斜劈剑剑脊朝下，盖步右脚尖向前。

（三）左半马步扫剑（亮翅）

1. 动作要领

上动不停。右手持剑内旋回收至腹前，剑尖向左，食指侧剑刃向外，左手剑指回收至左腹前成按指，指尖向右，指心向下，身体重心前移至右脚，左脚向前收至右脚内侧成"提步"；随即左脚向前落步成"半马步"，右手持剑向前向右扫削剑，与肩同高，剑尖斜向左前，左手剑指向前向左按指，指尖斜向右前，指心朝下，目视剑尖。（图6-151～图6-157）

2. 要点说明

平扫剑要以食指侧剑刃向外扫剑，与左手剑指同步进行，力达剑身前端。

3. 易犯错误

扫剑与左手不同步，扫剑不平。

图6-151　　　图6-152　　　图6-153　　　图6-154

图6-155　　　　　　　图6-156　　　　　　　图6-157

十一、熊形剑三势

（一）左弓步横刺剑（熊抱）

1. 动作要领

接上势。左腿屈膝，右腿膝关节绷直成"左弓步"，随即左手剑指向内收至右手腕关节内侧，指尖向右，指心斜朝下，右手持剑由右向左"横刺剑"，剑尖向左，食指侧剑刃向外，目视剑尖。（图6-158～图6-160）

图6-158　　　　　　　图6-159　　　　　　　图6-160

2. 要点说明

左弓步时右腿膝关节要绷直，横刺剑时左右手要同步向内合力，右手持剑使剑呈横剑，剑尖向左横刺，力达剑尖。

3. 易犯错误

弓步时右腿膝关节弯屈，横刺剑时剑身不平。

（二）左半马步格剑（摇晃）

1. 动作要领

上动不停。身体重心后移，右腿屈膝成"左半马步"，右手持剑向外旋腕使剑尖向上，手心朝内成"立剑"，左手剑指收至右手内侧，指尖向右，指心向外；随即右手持剑由前向左、向后、经胸前向右、向前，再由前向后收至胸前，然后身体重心下沉成"左半马步"，右手持剑由胸前向前推出成"格剑"，剑尖向上，食指侧剑刃向左，目视剑身。（图6-161～图6-175）

图6-161

图6-162

图6-163

第六章　杨景戒尺剑四十八势动作名称及动作图解

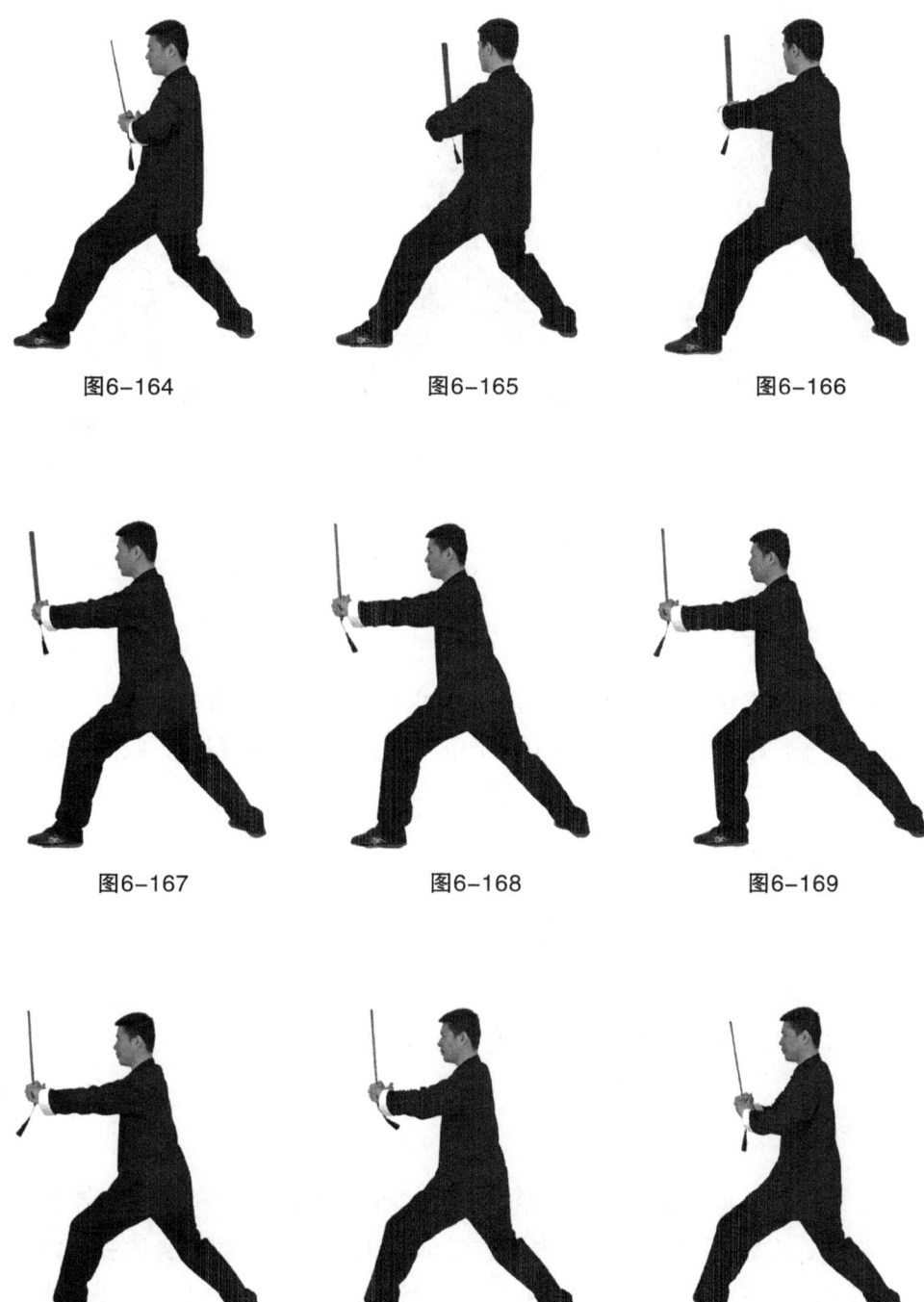

图6-164　　　　　　图6-165　　　　　　图6-166

图6-167　　　　　　图6-168　　　　　　图6-169

图6-170　　　　　　图6-171　　　　　　图6-172

图6-173　　　　图6-174　　　　图6-175

2. 要点说明

右手持剑成立剑，左手剑指置于右手内侧，要在体前由左向右逆时针画一平圆，身体要跟随持剑手左右转体，向前格剑，剑身保持直立，眼随剑走，力达剑身。

3. 易犯错误

画圆不平，顺时针画圆，身体不左右转体。

（三）并步反撩剑（熊立）

1. 动作要领

上动不停。身体重心上移，左脚向右脚回收并拢成"并步"，右手持剑回收至胸前，左手剑指移至右手内侧，随即右手持剑由胸前向身体右后方反撩剑，剑尖向斜下方，左手剑指由胸前向左上方穿出，指尖向上，指心朝内，目视剑尖。（图6-176～图6-181）

图6-176　　　　　　图6-177　　　　　　图6-178

图6-179　　　　　　图6-180　　　　　　图6-181

2. 要点说明

并步时两脚尖要并拢，反撩剑时要以食指侧剑刃向后反撩，身体同时微右转。

3. 易犯错误

反撩剑与左手剑指上穿不同步。

十二、狮形剑三势

（一）左弓步横扫剑（送宝）

1. 动作要领

接上势。身体左转重心下移，左脚向左前上步屈膝下蹲，右腿膝关节绷直成"左弓步"，左手剑指由上向下、向右、再向左扫指，置于右手腕关节内侧，同时右手持剑向外旋腕上提与肩同高，由右向左侧"横扫剑"，剑尖向前，目视剑尖。（图6-182～图6-188）

图6-182　　　　　　图6-183

图6-184　　　图6-185　　　图6-185附图

图6-186　　　　　　图6-187　　　　　　图6-188

2. 要点说明

左脚上步落地由半马步转为左弓步，左手剑指左扫与右手横扫剑要同步进行，横扫剑时要以食指侧剑刃朝前扫出，力达剑尖。

3. 易犯错误

左弓步右腿膝关节弯屈，横扫剑时右手持剑不平。

（二）左弓步绞剑（滚球）

1. 动作要领

上动不停。步型不变，右手持剑向外旋腕，剑尖向前，食指侧剑刃朝上；随即剑尖向下、向右、向上、向下逆时针"绞剑"，剑尖向前，食指侧剑刃朝右，左手剑指置于右手腕关节内侧，目视剑身。（图6-189～图6-194）

2. 要点说明

绞剑时要以腕带剑绞圆，力达剑脊与剑尖。

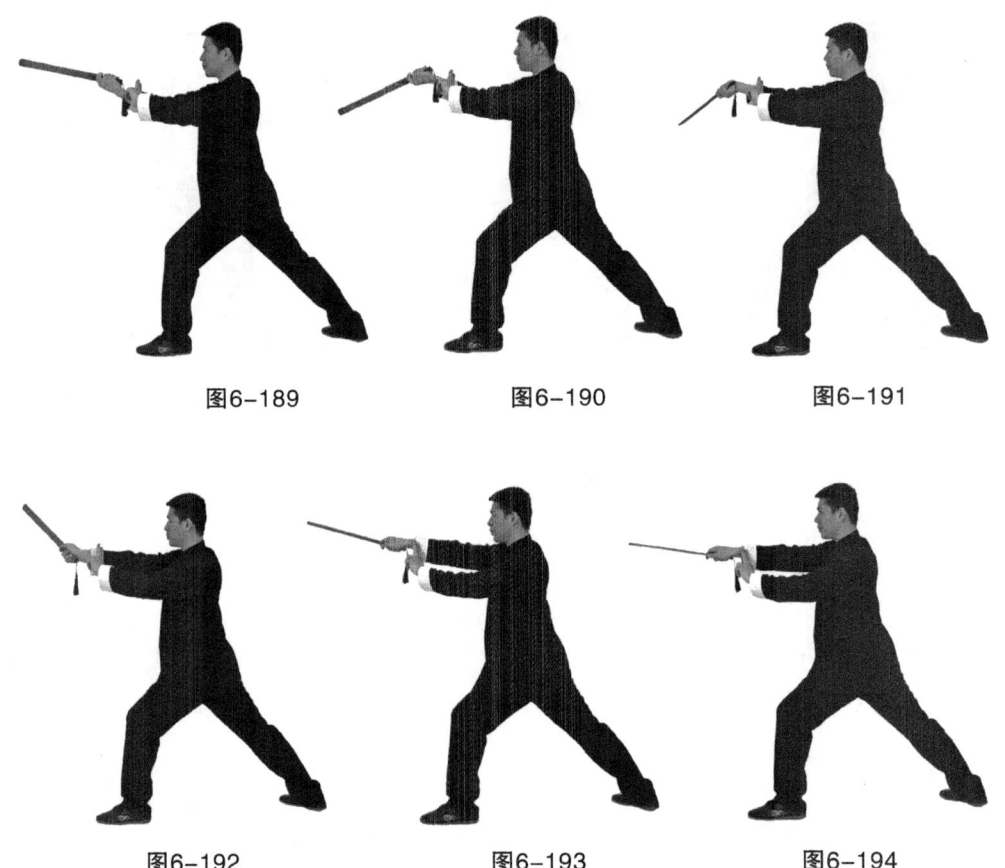

图6-189　　　　　图6-190　　　　　图6-191

图6-192　　　　　图6-193　　　　　图6-194

3. 易犯错误

绞剑不圆，手臂移动幅度过大，顺时针绞剑。

（三）右半马步削剑（推球）

1. 动作要领

上动不停。身体重心下沉，右腿膝关节屈膝成左"半马步"，右手持剑回收至左腹前，剑尖向左，右手心朝下；随即身体重心上移至左脚，右脚向左脚提步前收至左脚内侧成"提步"，两手不变；然后右脚向右前上步落地成"右半马步"，右手持剑由左腹前向前"削剑"，左手剑指置于右手腕内侧，剑尖向左，食指侧剑刃朝前，目视剑身。（图6-195～图6-201）

图6-195　　　　图6-196　　　　图6-197　　　　图6-198

图6-199　　　　　图6-200　　　　　图6-201

2. 要点说明

提步身体重心要稳，右半马步脚尖朝前，右手向前削剑要以食指侧剑刃向前切出，力达剑身。

3. 易犯错误

半马步右脚尖内扣或外展，左手剑指置于右手肘关节内侧。

十三、鹰形剑三势

（一）左提步右挂剑+右点步连环挂剑（双展翅）

1. 动作要领

接上势。身体重心上移至右脚，左腿膝关节绷直，前脚掌着地，左手剑指由右手腕关节处向左上方穿指，指尖向上，指心向右，右手持剑外旋腕使剑尖斜向下；随即左脚提步收至右脚内侧成"左提步"，身体右转，左手剑指由上向下收至右胸前成"立指"，右手持剑向下、向后、向上"右挂剑"置于头顶上方，剑尖向前；然后左脚向前落步踏实，身体重心移至左脚，右脚膝关节绷直，前脚掌点地成"点步"，右手持剑以剑尖由上、向下、向左后、向上在身体左侧"挂剑"，置于头顶上方，左手剑指由右胸前向左上方穿指，身体右转，右手持剑以剑尖由上向下、向右后、向上在身体右侧挂剑，置于头顶上方，剑尖向前，食指侧剑刃朝上，目视剑尖。（图6-202～图6-224）

2. 要点说明

左右挂剑时要以剑尖向前挂剑，身体要跟随挂剑左右转身、拧髋、转腰、转肩，左手剑指在左侧挂剑时置于右胸前，右挂剑时左手剑指向上穿指，眼随剑走，力达剑尖。

3. 易犯错误

点步时两腿膝关节弯屈，提步绷脚尖，挂剑不贴身。

第六章 杨景戒尺剑四十八势动作名称及动作图解

图6-202　　　　　图6-203　　　　　图6-204

图6-205　　　　　图6-206　　　　　图6-207

图6-208　　　　　图6-209　　　　　图6-210

图6-211　　　　　　　图6-212　　　　　　　图6-213

图6-214　　　　　　　图6-215　　　　　　　图6-216

图6-217　　　　　　　图6-218　　　　　　　图6-219

第六章 杨景戒尺剑四十八势动作名称及动作图解

图6-220　　　　　　　图6-221

图6-222　　　　图6-223　　　图6-224

（二）右提步云剑（飞翅）

1. 动作要领

上动不停。身体重心移至左脚，右脚提步前收置于左脚内侧成"提步"，左手剑指不变，右手持剑于头顶上方顺时针平"云剑"，目视剑身。（图6-225～图6-227）

197

图6-225　　　　　　　图6-226　　　　　　　图6-227

2. 要点说明

云剑时持剑右手要翘腕，要以食指侧剑刃向外，剑身要平，力达剑身。

3. 易犯错误

提步右脚尖绷直，云剑时逆时针旋转，剑身不平。

（三）右半马步击剑（落岩）

1. 动作要领

上动不停。身体重心下移，右脚向前上步落地成"右半马步"，右手持剑由上向斜前上方"击剑"，剑尖向斜上方，左手剑指变掌扣于右手腕关节处，目视剑尖。（图6-228～图6-230）

2. 要点说明

击剑时要以食指侧剑刃向左运动，力达剑尖，左手剑指变掌与右手截剑同步进行。

图6-228　　　　　　　图6-229　　　　　　　图6-230

3. 易犯错误

右半马步脚尖内扣，击剑时右手腕不发力。

十四、鹞形剑三势

（一）右半马步横扫剑（出林）

1. 动作要领

接上势。步型不变，身体左转，左手变剑指向左扫指至体前，指尖向右，指心朝前，与肩同高，右手持剑由右向左横扫剑，剑尖向前，手心向上，目视剑尖。（图6-231～图6-234）

2. 要点说明

横扫剑时要与身体左转同步进行，以食指侧剑刃向前扫剑，力达剑身。

图6-231 图6-232

图6-233 图6-234

3. 易犯错误

扫剑时剑身不平，高于或低于肩高。

（二）转身左提步收剑（束身）

1. 动作要领

上动不停。右脚尖内扣，身体左转，重心后移至右腿，左脚提步回收至右脚内侧成"左提步",随即左手剑指回收至左侧腰间,指尖向前,指心朝下,右手持剑向内旋腕回收至右侧腰间,剑尖向前,手心朝下,目视前方。(图6-235~图6-239)

图6-235　　　　　图6-236

图6-237　　　图6-238　　　图6-239

2. 要点说明

左手剑指与右手持剑同时回收,右手持剑回收时要向内旋腕,力达剑脊。

3. 易犯错误

提步左脚绷脚尖,目视剑尖。

（三）左弓步刺剑（翻飞）

1. 动作要领

上动不停。左脚向左前上步落地成"半马步"，再由半马步转为"左弓步"，左手剑指由腰间向身体左侧穿指与肩同高，指尖向左，指心朝下，右手持剑由右侧腰间以剑尖向前"刺剑"，食指侧剑刃向右，手心朝下，目视剑尖。（图6-240～图6-244）

图6-240　　　　　　　　图6-241

图6-242　　　　图6-243　　　　图6-244

2. 要点说明

左弓步右腿膝关节要绷直,右手持剑前刺要平,力达剑尖。

3. 易犯错误

右手平刺剑高于或低于肩高,右腿膝关节弯屈。

十五、收势

(一) 左弓步接剑

1. 动作要领

接上势。身体向左微转,步型不变,右手持剑腕关节内旋回收至左手剑指内侧,使剑尖向上成立剑,手心向内,随即右手持剑交予左手,左手接剑成抱剑,右手变剑指置于左手内侧,目视左手。(图6-245~图6-247)

图6-245

图6-246

图6-247

2. 要点说明

右手持剑交至左手，接剑要稳准，剑要成立剑，剑尖向上。

3. 易犯错误

左手接不住剑，抱剑不成立剑。

（二）开步托剑

1. 动作要领

上动不停。右手剑指由左向下向右，下落至右大腿前，指尖向下，手心朝前，左手持剑回收至左大腿前，剑首向下，手心向外；随即左脚向右脚回收半步，与肩同宽成"开步"；随即左手抱剑与右手剑指向上"托剑"，与肩同高、同宽，目视右剑指。（图6-248～图6-253）

2. 要点说明

左脚回收脚尖先着地，然后依次向下落踏实，上托剑时两肘关节弯屈。

图6-248

图6-249

图6-250

图6-251　　　　　　　图6-252　　　　　　　图6-253

3. 易犯错误

开步两脚距离大于或小于肩宽，脚尖外展或内扣，双肩耸立。

（三）屈臂抱剑

1. 动作要领

上动不停。步型不变，两肘关节向内屈臂，左手抱剑，右手剑指同时向胸前回收成"抱剑"，略高于肩，目视两手。（图6-254～图6-255）

图6-254　　　　　　　　　　图6-255

2. 要点说明

两手型不变，回收时要同步进行，两肘关节自然下垂。

3. 易犯错误

两肘关节外展，两腿弯曲。

（四）开步压剑

1. 动作要领

上动不停。步型不变，左手抱剑下落至腹前，剑尖向左，剑首向右，抱剑手心向上，右手剑指向内翻压至胸前，指尖向左，指心向下；随即右手剑指向下压指至左手剑柄上方，目视右剑指。（图6-256～图6-258）

图6-256

图6-257

图6-258

2. 要点说明

左手抱剑和右手剑指下压要同步进行。

3. 易犯错误

左手抱剑于腹前剑身不平，开步两膝关节弯屈，两脚尖外展。

（五）并步站立

1. 动作要领

上动不停。右脚向左脚回收并拢成"并步"；左手抱剑自然下垂于身体左侧，手心向前，右手自然下垂于身体右侧，头正项直，目视前方。（图6-259～图6-263）

图6-259

图6-260

图6-261　　　图6-262

图6-263

2. 要点说明

左手抱剑，食指和中指并拢伸直按于剑柄上，大拇指无名指小拇指弯屈扣住剑柄，右手剑指变掌自然下垂于身体右侧。

3. 易犯错误

双脚尖不并拢，膝关节弯曲，低头躬身，耸肩内扣，精神涣散，目不直视，左手抱剑手心向后。

附录

象形太极拳传承谱系及专家述评

一、象形太极拳传承谱系

象形太极（太极十三形）出自古武当太极张三丰，是一种传统的古老太极拳。嘉庆十七年（1812年）河中饧杨氏十八世嫡孙杨景，在德州邂逅天理教首领冯克善为其部将，在离卦支系中各派高手相互授受交流拳法，杨景学得太极十三形，具体学与何人不详，只知道此拳创自古武当山太极张三丰。这里所列象形太极（太极十三形）始传人杨景传承谱如下。

创始人： 此拳为古武当山太极张三丰所创，历经数代传承至清末农民起义天理教离卦支系高手"无名氏"，已无法考证。

第一代： 杨景，名信，乾隆五十四年（1789年），出生于松江（黑龙江）省兰西县霍家窝棚（王宝屯），河中饧杨氏十八世嫡孙。嘉庆二十五年（1820年）杨景始传象形太极（太极十三形）。传子三：见功、俊功、进功。在河北传：刘攀贵、刘观澜、刘俊杰、魏昌义、魏老方、高庆天等。

第二代： 杨进功，道光十七年（1837年），出生于松江（黑龙江）省兰西县霍家窝棚（王宝屯），河中饧杨氏十九世嫡孙。杨进功称此拳为"杨氏十三形"。传子五：平、忠、有（出家修道习胎息、辟谷之术，精杨氏十三形龙形缩骨功）、荣、仪。

第三代： 杨忠，同治三年（1864年），出生于松江（黑龙江）省青冈县四区阮兽家屯，河中饧杨氏二十世嫡孙。传子三：文才、文喜、文成。

第四代： 杨文才，光绪十八年（1892年），出生于松江（黑龙江）省青冈县四区阮兽家屯，河中饧杨氏二十一世嫡孙，抗日义勇军联络员。杨文才把"象形太极（太极十三形）五十二势"简化成为"象形太极（太极十三形）十三势"。传子一：生。

第五代：杨生，1920年5月，出生于松江（黑龙江）省青冈县四区阮兽家屯，河中饧杨氏二十二世嫡孙，中国人民志愿军39军117师师直警卫连连长。传子一：乃文。

第六代：杨乃文，1937年11月5日，出生于黑龙江省青冈县德胜乡阮兽家屯，河中饧杨氏二十三世嫡孙，中华杨氏武艺研究会创始人。传子三：义、清、维。传女二：春凤、春艳。

第七代：杨维，1967年11月27日，出生于黑龙江省青冈县德胜乡阮兽家屯，河中饧杨氏二十四世嫡孙，双博士学位、三级教授、博士生导师。妻子辛桂维，硕士学位、副教授。传子二：杨晓斌（博士）、刘龙（博士）。传女二：杨洋（博士）、葛香杉（硕士）。

第八代：杨维支系入门弟子第一批：姜伟YJ0801（黑龙江）、邱世禄YJ0802（浙江）、晋云建YJ0803（四川）、朱磊博士YJ0804（浙江）、Elemen Joann Crusillo乔安硕士YJ0805（菲律宾）。

二、"象形太极古传戒尺剑"专家述评

杨维教授和他的博士科研团队，对象形太极拳非物质文化遗产进行了深入考证，并构建了"象形太极拳核心价值体系"，我有幸先睹为快感受颇深，从学术研究角度看其成果的先进性、科学性和应用性等方面均有所突破，可谓"理论标新立异，实践操作性强"。

1. 学术成果的先进性

（1）新见解

作者从28种古籍文献中汲取传统文化养分，并结合现代《运动解剖学》《运动生物力学》理论，对"象形太极古传戒尺剑"进行了剖析，提出了"继承传统，古为今用；意识导引，呼吸自然；形体锻炼，攻防兼顾"二十四字方针，见解独到。

（2）新概念

作者提出了"象形取意、节奏鲜明、快慢相间、刚柔相济、静如秋月、动

似波涛、动作轻灵、身法敏捷、扭腰转身、旋腕灵活、抖腰振臂、一触即发、潇洒飘逸、气宇轩昂、简单实用、变化多端、虚领顶劲、精神矍铄、沉肩坠肘、虚腋圆活、含胸拔背、力由脊发、以腰为轴、撑胯圆裆、提步过渡、落步踏实"等新概念。这些新概念具有学术新见解、新突破、新创新，能够引发学界思考和实践体悟。

（3）新理论

作者提出了"人剑合一理论"。当人的精神意识思维活动与剑的技法完全相融合、相统一时，就会产生剑随心动法由心生招无定法随心所欲的境界，这种现象称为"人剑合一理论"。并将此理论应用到"杨瞻戒尺剑16势""杨景戒尺剑48势"中，达到理论指导实践形神兼备出神入化的境界。

2. 学术成果的科学性

（1）理论科学

"理论构建与实践功效"是当前民族传统体育领域的前沿、热点研究方向。"象形太极古传戒尺剑"把握了"古传"的时代脉搏、顺应了现代需求、运用新概念、新理论构建了"人剑合一理论"得出了科学成果，其理论逻辑紧密、方法运用得当，具有较好的示范性。

（2）实践验证

"实践是检验真理的唯一标准"，"象形太极古传戒尺剑"的科学性还体现在了其进行实践的检验，合理、有序的跟踪调查，严谨、严密的实验分析，有用、有效的研究结果，均体现出"象形太极古传戒尺剑"现代理论和应用的科学性。

3. 学术成果的应用性

（1）古为今用

文化自信源于文化先进，中国传统文化在当代仍然具有先进性。"象形太极古传戒尺剑"是现代理论解读和融合传统文化的成果，其人剑合一理论、二十四字方针等均体现出成果的传统与现代并重的特征，是古方今解、古法今用的尝试与突破，对中华优秀传统文化的继承、创新和发展具有理论指导意义。

（2）以健为本

健康中国才能中国健康。在新时代，养生理念、健身观点深入人心，弘扬中华优秀传统文化"以健为本，古为今用"，提倡百花齐放百家争鸣。"象形太极古传戒尺剑"具有传统性、继承性，同时也具备时代性、开拓性，其对构建和谐社会、提升全民健康具有实践价值。

以上仅就"象形太极古传戒尺剑"读后的一些拙见，谈不上专家述评，愿与作者和广大读者共勉。

是为评。

刘映海

2019年10月24日于山西大学

（注：刘映海，山西大学体育学院博士生导师，四级教授）

参 考 文 献

[1] 张四维. 南京都察院右佥都御史裴公绅墓志铭. 明代.
[2] 杨谌撰. 河中饧杨氏家谱（明朝版）[M]. 明朝天顺六年（1462年）正月望日「十五日」.
[3] 杨佐. 河中饧杨氏家谱[M]. 乾隆刻本.
[4] 杨俊卿. 介石楼稿·大椿堂拳谱秘要[M]. 明朝万历.
[5] 杨暄. 杨暄武学训导录[M]. 明朝嘉靖.
[6] 杨瞻. 杨瞻养生之道[M]. 明朝嘉靖.
[7] 杨博. 杨博拳法十八势[M]. 明朝隆庆.
[8] 杨俊民. 杨俊民兵器谱[M]. 明朝万历.
[9] 杨俊卿. 杨俊卿锦衣卫拳法绣春刀. [M]. 明朝万历.
[10] 杨吉兴. 诏世拳术训谱[M]. 清朝乾隆.
[11] 杨文才. 杨文才拳术谱[M]. 民国刊本.
[12] 邓树勋, 王健, 乔德才. 运动生理学[M]. 北京：高等教育出版社, 2009-06.
[13] 黄帝. 黄帝内经[M]. 先秦至汉.
[14] 黄帝. 灵枢·经脉[M]. 先秦至汉.
[15] 李梴. 医学入门·运气[M]. 刊于万历三年（1575年）.
[16] 宋. 太医院. 圣济总录[M].（公元1117年）.
[17] 黄帝. 素问·气穴论[M]. 先秦至汉.
[18] 黄帝. 灵枢·本藏[M]. 先秦至汉.
[19] 黄帝. 灵枢·脉度[M]. 先秦至汉.
[20] 黄帝. 灵枢·营气[M]. 先秦至汉.

[21] 黄帝. 灵枢·海论 [M]. 先秦至汉.

[22] 黄帝. 灵枢·逆顺肥瘦 [M]. 先秦至汉.

[23] 黄帝. 灵枢·藏气法时论 [M]. 先秦至汉.

[24] 黄帝. 灵枢·刺节真邪 [M]. 先秦至汉.

[25] 黄帝. 灵枢·逆顺肥瘦 [M]. 先秦至汉.

[26] 黄帝. 灵枢·营卫生会 [M]. 先秦至汉.

[27] 黄帝. 灵枢·血气形志 [M]. 先秦至汉.

[28] 扁鹊. 难经·二十八难 [M]. 汉.

后 记

我从大学本科、硕士研究生、博士研究生至今历时13年，始终师从岳父大人杨维教授、博士生导师，系统学习家传河中饧杨氏武学。包括大椿堂武学（明代）、杨氏戳脚拳（清代）、杨氏翻子拳（清代）、杨氏华拳十二路（清代）、杨氏十三形（清代）、杨氏八形掌（清代）、太极跤（民国）、散手道（新中国）、武家学派（新中国）九大体系。

杨氏十三形（清代）也称"太极十三形"，河中饧杨氏十八世嫡孙，清末农民起义天理教将领杨景始传，从1820年传承至今已有199年，流传于河北、山东、吉林、黑龙江等北方地区。由于受到时间空间、地域环境、文化素养、思想意识和其他拳种的渗透等多种因素影响，形成戳脚太极十三形、古武当太极十三形、杨氏十三形、太极十三形等，演练风格、技术结构、动作名称各异的分支流派。

2018年4月28日，象形太极拳被黑龙江省五常市人民政府批准为非物质文化遗产，代表性传承人物姜伟。5月3日，河中饧杨氏二十四世嫡孙杨义、杨维，在中国象形太极故乡——黑龙江青冈（德胜镇隆胜村阮兽家屯南二里），重修"河中饧杨氏墓地"撰文碑记，镌刻《清末农民起义天理教将领——杨景墓志铭》。10月，岳父大人将上述古传不同形式的十三形，统称为"象形太极（太极十三形）"，组建"象形太极（太极十三形）非物质文化遗产挖掘整理小组"和"专家评审组"，对象形太极（太极十三形）进行挖掘整理和专家论证，构建了"象形太极（太极十三形）体系"。2019年3月，在岳父大人的指导下，按照《介石楼稿·大椿堂拳谱秘要》《诏世拳术训谱》和《杨文才拳术谱》相关记载，我将"杨瞻戒尺剑十六势"和"杨景戒尺剑四十九势"整理成文字，并拍摄成照片和录像。

　　该书从古传戒尺剑基本概况，剑的基本常识、剑的基本技法、经络学说及分布、杨瞻戒尺剑十六势和杨景戒尺剑四十九势六个方面进行研究和论述，附录象形太极拳传承谱系及专家述评，还列出了参考文献的出处。并在上饶师范学院、山西大学和全国37家象形太极拳传承基地，进行了试点教学收到了良好效果。

　　特别感谢原中国武术协会张耀庭、李杰两位主席，原北京体育大学党委书记、校长杨桦教授、博士生导师，吉首大学党委书记、校长白晋湘教授、博士生导师为系列丛书题词。感谢山西大学体育学院院长陈安平教授、硕士生导师，民族传统体育学科带头人李金龙教授、博士生导师为本书作序。感谢山西大学体育学院博士生导师刘映海教授专家述评。在此，向上述领导、前辈和老师，表示最崇高的敬意和诚挚的感谢。

　　由于时间仓促和条件所限，该书尚有一些不尽人意之处，欢迎大家提出宝贵意见和建议，以便进一步修改完善，使其更好地为全民健身国家战略服务。

刘　龙

2019年10月于山西大学